Prof. Johannes Michels

Auch Zweifler kommen in den Himmel

Ein authentischer Nahtodbericht

benno

Bibliografische Information der Deutschen Nationalbibliothek
Die Deutsche Nationalbibliothek verzeichnet diese Publikation
in der Deutschen Nationalbibliografie;
detaillierte bibliografische Daten sind im Internet über
http://dnb.d-nb.de abrufbar.

Besuchen Sie uns im Internet unter:
www.st-benno.de

Gern informieren wir Sie unverbindlich und aktuell auch in unserem Newsletter zum Verlagsprogramm, zu Neuerscheinungen und Aktionen. Einfach anmelden unter www.st-benno.de

ISBN 978-3-7462-4171-5

Umschlaggestaltung: birq design, Leipzig, unter Verwendung eines Fotos von © Honza Krej/shutterstock
Gesamtherstellung: Kontext Lemsel (A)

Inhalt

Auf dem Weg zum Licht ...

Liebe Leserinnen und Leser!

Wenn Sie einen großen Religionszweifler und zugleich bedeutenden Mediziner durch die wichtigste Phase seines Lebens hindurch begleiten möchten, sollten Sie sich auf eine stürmische Reise einstellen. Sie führt durch tiefste Abgründe des Unglaubens und der Religionsfeindlichkeit, aber auch der schlimmsten Menschenverachtung hart am Unfalltod vorbei zu gewaltigen Nahtoderlebnissen bis schließlich hin zur christlichen Glaubensüberzeugung.

Dabei lernen Sie zunächst einen gefühlskalten Medizinprofessor für Anatomie, also einen Spezialisten für die Öffnung toter Körper und die erklärende Darstellung der Einzelorgane, kennen. Das geschieht vorerst mit größter Menschenverachtung. Da macht er selbst keinen halt vor den Verstorbenen, deren Körper er seziert. Ebenso respektlos verfährt er auch mit seinen Medizinstudenten, die sich aber nicht alles bieten lassen.

Leichter hat er es mit Studenten einer völlig anderen Fachrichtung, nämlich Studenten der Philosophie. Sie gehen eher auf seine vielen abfälligen und religionsfeindlichen Bemerkungen ein, da ihnen das anscheinend gefällt.
Der Mediziner ist nämlich vielseitig und arbeitet auf zwei wissenschaftlichen Fachgebieten.

Daneben ist er in vielen Talkshows und Diskussionsrunden zu Hause. Auch dort reißt er möglichst rasch und immer wieder das Wort an sich und überrollt alle anderen Gesprächsteilnehmer. Und stets geht es um spöttische Gehässigkeiten und die Herabwürdigung aller religiösen Empfindungen seiner Diskussionskollegen.

Zum Höhepunkt solcher wüsten Exzesse kommt es bei einer Podiumsdiskussion vor einer außerordentlich großen Zuhörerzahl. An deren Schluss gipfeln die Ausfälle dieses Zweiflers darin, dass er nur durch Gott selbst oder durch Christus überzeugt werden könne. Dass es *so etwas* aber geben könne, bezweifle er.
Noch über die Gegenredner dieser Gesprächsrunde ganz in wütender Erregung stürzt er beim Verlassen des Podiums, schlägt mit dem Hinterkopf auf eine Stufe auf und wird bewusstlos vom Rettungsdienst in ein Krankenhaus gefahren. Während seiner langen Bewusstlosigkeit, die auch durch ein gesundheitsförderndes Koma verlängert wird, kommt es zur Wende:

Zunächst gelangt er während einer langen Phase von absoluter Dunkelheit und Stille zur Überlegung, dass Geist und Seele doch vom Körper *unabhängig* sind, was er bisher immer heftig bestritten hatte.

Dann hat er ein langes Gespräch mit einer Lichtgestalt, die sich ihm als sein lebenslanger Schutzgeist vorstellt und die alle seine menschlichen Verfehlungen kennt.

Anschließend bittet er mit Unterstützung seines Schutzgeistes um eine Begegnung mit Gott oder Jesus Christus.
Was völlig unmöglich erscheint, geschieht daraufhin:

Dem großen Zweifler und Kritiker begegnet Christus tatsächlich. Als Anatomiemediziner fallen ihm die tiefen Wundnarben oberhalb der Hand- und Fußwurzeln sofort auf. Auch das noch größere Wundmal auf der linken Brustseite sieht er. Jesus reicht ihm sogar die rechte Hand.
So fragt er Jesus nach der Ursache für diese enorm großen Wunden. Er erhält die klare Antwort:
Er, Jesus Christus, wurde ans Kreuz genagelt und ist daran gestorben.

Danach gibt Jesus dem Zweifler zu verstehen: Nun habe er ihn ja *gesehen, gehört und gespürt.* Es gebe ihn also und er lebe. Ebenso gebe es auch Gott.

Der Mediziner ist daraufhin zutiefst erschüttert und umgewandelt:

So wurde aus einem großen Zweifler ein überzeugter Christ. Und diese christliche Überzeugung gab er dann genauso engagiert weiter, wie er sie vorher bekämpft hatte.

Professor Dr. Johannes Michels

Der eiskalte Pathologe

„Wenn sie bei mir eintreffen, sind sie friedlich, widersetzen sich nicht und geben auch keine Widerworte.“
Erwartungsvoll blickte er bei diesen Bemerkungen in den bis auf den letzten Platz gefüllten Hörsaal und wünschte sich ein Riesengelächter. Doch begegnete ihm eisiges Schweigen. Er hatte sich kurz zuvor eine Leiche in den Hörsaal bringen lassen, die er nun vor den Augen der Medizinstudenten sezieren, also auseinanderschneiden wollte, um dann einzelne Bestandteile eines menschlichen Körpers zu zeigen. Der Leichnam war teilweise schon präpariert, aber noch mit einem Plastiktuch zugedeckt.

Solche spektakulären Veranstaltungen behielt sich Bodo G. selbst vor und natürlich vor vollem Hause. Schließlich war er Professor für Pathologische Anatomie und sehr selbstverliebt, eben alles andere als bescheiden. Eigentlich war er Anatomieprofessor, und zwar für qualifizierte Anatomie, wie er sich ausdrückte. Dass andere Kollegen bei dieser Formulierung missmutig blickten und sogar reagierten, war ihm völlig gleichgültig und ließ ihn kalt. Die ursprünglich vorgesehene Tätigkeitsvariante in der Rechtsmedizin und die Obduktion von Leichen mit ungeklärter Todesursache hatte er irgendwann aufgegeben und sich auf die Anatomie in der Uni-Klinik konzentriert. Auch die Pathologie als Krankheitsforschung interessierte ihn kaum noch. Aus Verehrung für sein großes Vorbild Rudolf Virchow nahm er aber dennoch gern Bezug auf die Pathologische Anatomie, eben auch auf die Pathologie, obwohl deren Ausrichtung eigentlich eine andere war. Dabei ließ ihn die medizinische Fakultät irgendwie gewähren. Schließlich hatte er inzwischen einen großen Bekanntheitsgrad erworben. So kam es auch an diesem Tag zu einem großen Auftritt. Die spezielle weitere Aufarbeitung der anatomischen Details überließ er anschließend seinen Assistenten. Erst einmal vor allen Medizinstudenten glänzen, um sich bei ihnen auf Dauer einzuprägen und in bestem Licht dazustehen. Das war sein sogenanntes Lebenselixier. So auch heute.

Doch er spürte sehr wohl das eisige Schweigen. Um das zu überspielen, versuchte er es wieder mit makabren Bemerkungen, die witzig wirken sollten, es aber nicht waren:
„Als Medizinstudenten – das war ich ja schließlich auch mal – sind wir mit einem Dampfer auf dem Rhein an einem Altersheim am Rheinufer vorbeigefahren. Die alten Leute haben uns zugewinkt. Und einer von uns rief den Alten zu: ‚Auf Wiedersehen in der Anatomie!‘ Hahaha!“
Doch auch jetzt hatte sich *ProBo*, wie er bei den Studenten wegen seines Titels und Vornamens etwas abfällig genannt wurde, getäuscht. Es gab keinen Applaus.
Also musste er noch zulegen:
„Was haben Sie denn? Gefällt Ihnen das nicht?“
„Nein!“, rief jemand in den Raum. „Das gefällt mir gar nicht. Ich weiß zwar nicht, was die anderen hier denken. Aber ich finde es irgendwie nicht gut.“
„Warum denn nicht?“
„Weil es makaber und gefühlsroh ist.“
„Aha, Sie sind auch noch zartbesaitet. Dann hätten Sie lieber

Philosophie oder vielleicht sogar Theologie studieren sollen. Hahaha! Was sagen denn die andern?“
Ein weiterer Student fügte hinzu:
„Auch ich halte von solchen Einschätzungen nicht viel. Wir sind ja hier, um in die Anatomie eingeführt zu werden. Aber nicht, um herzlose Späße anzuhören.“
„Wie ich Sie in die Anatomie einführe, wollen Sie gefälligst mir überlassen. Und im Übrigen muss ich mir von Ihnen keine Belehrungen anhören.“
Eisiges Schweigen.
Das irritierte den Pathologen irgendwie sehr. Bisher war er es immer gewohnt gewesen, dass man bei seinen mühsam zusammengezimmerten Kalauern zumindest halbherzig lachte, aber so, als ob einem das Lachen im Halse stecken bleibe.
Deshalb suchte er jetzt nach einem irgendwie elegant scheinenden Ausweg, indem er die Bedeutung und Wichtigkeit der Anatomie ins rechte Licht zu rücken versuchte:
„Die Anatomie ist im Rahmen der Medizin von höchster Bedeutung. Denn ohne die perfekte Kenntnis des gesamten Körpers und seines Aufbaus ist der Mediziner mit einem Maulwurf vergleichbar: Ein Arzt ohne genaue Kenntnis der Anatomie arbeitet wie ein Maulwurf: Arzt und Maulwurf wirken im Dunkeln. Und das Resultat ihrer Arbeit sind Erdhügel.“
Jetzt war ein verhaltenes Lachen vernehmbar, aber auch nicht mehr.
ProBo, der Dozent, wie er hieß, hätte sich zwar mehr gewünscht, doch wollte er den Bogen auch nicht überspannen. Stattdessen widmete er sich wieder der Leiche:

„Jetzt wollen wir doch mal sehen, was Herr Müller Nr. 27 zu bieten hat."
„Was bedeutet das denn?", wollte nun eine Studentin wissen.
„Er ist der 27ste Mensch namens Müller, der mir nun untergekommen ist. Und der vor allem nichts dagegen einzuwenden hat."
Damit zog er sich dünne Gummihandschuhe an und zog das Plastiktuch bis zum Unterbauch herunter. Der Brustkorb des toten Körpers war bereits geöffnet, sodass man Herz und Lunge schon in etwa erkennen konnte. Hierauf griff er zum bereitliegenden Skalpell und schnitt die Leiche unterhalb des schon geöffneten Brustkorbs längsseits auf. Dann zog er die Seitenränder auseinander, sodass man einen weiteren Einblick ins Innere des toten Körpers erhalten konnte. So verfuhr er weiter und erklärte immer die jeweiligen Verfahrensschritte und die dabei freigelegten Körperteile. Da die Studenten auf einer ziemlich steilen Galerie saßen, hatten sie sehr gute Einblicke in den toten Körper. *ProBo* benannte alle freigelegten Organteile und erklärte ihre jeweiligen Funktionen. Hierbei konnte er es nicht unterlassen, immer wieder zynische Bemerkungen in die Organerklärungen einzuschieben. Das hörte sich dann etwa so an:

Herz

„Der Onkel hier hat total verkalkte Herzkranzgefäße. Also lange hätte er es sowieso nicht mehr gemacht."
„Das hat er ja auch nicht", meinte eine Studentin. „Also was sollen diese seltsamen Kommentare?"
„Verehrte junge Dame, ich möchte Ihnen nicht über den Mund fahren. Aber würden Sie mir in Ihrer großen Güte erlauben, meine pathologisch-anatomischen Erklärungen etwas aufzulockern?"
„Unseretwegen, wenn es Ihnen guttut."
„Nun mal nicht patzig werden. Wir haben wahrscheinlich noch ziemlich lange miteinander zu tun. Übrigens apropos Herz: Es gibt ja Ideologien, um nicht zu sagen Religionen, die das Herz als Sitz der Seele ansehen. Also bei diesem Herzen kann ich keine Seele erkennen."
„Das können Sie ja auch nicht. Denn dieser Mensch ist ja tot. Und es heißt: Beim Tod eines Menschen trennt sich die Seele vom Körper. Also wie können Sie denn dann in diesem Leichnam noch eine Seele vermuten?"

Der Hieb saß wie ein Volltreffer. Doch wollte *ProBo* sich nicht unterkriegen lassen. Deshalb ergänzte er seine zynischen Anmerkungen mit einer Ausrede, die offenbar aber auch nicht sehr geistreich war:
„Um Sie vorerst zu beruhigen, möchte ich noch hinzufügen: Andere Ideologien usw. sehen aber auch das Gehirn als Seelensitz. Wenn wir uns nach entsprechender Vorbereitung das Gehirn einmal näher vornehmen, komme ich wieder auf die jetzigen Feststellungen zurück."

Lunge und Leber

„Na, na, Mister Miller, wohl starker Raucher gewesen, was? Die dunklen Teerablagerungen zeigen das deutlich. Wenn man vom Glimmstengel nicht ablassen kann, dann sollte man sich wenigstens Vorfahren suchen, die einem derart widerstandsfähige Gene verpassen, dass auch der größte Qualm ihnen nichts anhaben kann."

„Was soll denn diese Bemerkung wieder bedeuten?", wollte ein Student aus einer hinteren Reihe wissen.

„Das, was ich eben gesagt habe. Ich denke da beispielsweise an Altkanzler Helmut Schmidt. Der qualmt und pafft seit Jahrzehnten und ist trotzdem bald hundert Jahre alt. So jemand kann ohne Zigarettenqualm überhaupt nicht auskommen. Aber durch seine ‚Stahlgene' ist er trotzdem nicht kleinzukriegen."

„Aber den wollen Sie uns doch hoffentlich nicht auch noch als Vorbild für gesunde Lebensweise vorstellen", meldete sich wieder ein anderer Student.

„Durchaus nicht, aber er dürfte wohl ein anschauliches Beispiel für einen mutmaßlichen Besitzer einer ausgesprochenen Raucherlunge sein."

„Wäre er möglicherweise nicht auch ein potenzieller Kandidat für Lungenkrebs gewesen?", wollte nun wieder eine Studentin wissen.

„Wäre er, ist er aber nicht. Dank seiner Gene. Zum jetzigen Zeitpunkt der Forschung gilt die Erkenntnis, dass die Veranlagung zu Karzinomen, also zu Krebs, größtenteils, wenn nicht gar total, genetisch übertragen wird. Ungünstige Einflüsse aus der Umwelt können dann eine solche Veranlagung dazu bringen, dass sich ein Karzinom, also Krebs, entwickelt."

„Ist dieser Mann an einem Karzinom gestorben?", wollte ein weiterer Zuhörer wissen.

„Offenbar nicht. Jedenfalls ist nichts Derartiges erkennbar."

„Und wie alt ist diese Leiche?"

„Ich vermute mal: ein paar Tage oder wenige Wochen."

„Nein, ich meine natürlich: Wie alt ist dieser Mann geworden?"

„Dann müssen Sie das auch so formulieren. Er ist ja nun kein Baum. Dann könnte man es an den Jahresringen erkennen. Die Begleitpapiere sagen aus, dass er gerade mal siebzig Jahre alt geworden ist. Er war übrigens ein sogenannter Penner, also Obdachloser, der seinen Körper zu Lebzeiten verscherbelt hat. Wahrscheinlich hat er sich mit dem Geld ein paar schöne Tage oder Abende mit Wermut genehmigt. Das kennt man ja von diesen Wermutbrüdern."

„Ich finde", meldete sich darauf wieder eine Studentin, „diesen Menschen geht es sehr schlecht. Man sollte sie nicht auch noch verhöhnen."

„Das tue ich ja auch nicht. Aber wenn wir, die Steuerzahler, schon sehr viel Geld an den Staat abdrücken, dann darf man wohl auch mal ein kritisches Wort solchen Menschen gegenüber äußern, die nichts tun, sondern allenfalls auf unsere Kosten leben."

„Aber Menschen auf der Straße ertragen zumeist ein sehr hartes, oft sogar ungerechtes Leben. Sie hätten lieber ein Dach über dem Kopf und würden auch eher einer geregelten Beschäftigung nachgehen."

„Na, da wäre ich an Ihrer Stelle mal lieber nicht so optimistisch. Ich habe in der Zeitung wie oft gelesen, dass solche Wermut- oder Pennbrüder gar nicht arbeiten wollen, sondern lieber in der Gegend herumgeistern und alles, was sie haben, lieber versaufen."

„Aber das gilt doch sicher nicht für alle Obdachlosen."

„Ihr unbeschwertes Gemüt in allen Ehren. Doch sollten wir uns jetzt mal einem anderen Organ zuwenden. Es zeigt uns vielleicht noch viel besser, was dieser obdachlose Herr Müller Nr. 27 so alles getrieben hat. Also auf in Richtung Leber. Die liegt hier. Oh, wie sieht die denn aus? Wie würden Sie dieses Organ etwa beschreiben?"

„Ja, sie scheint ziemlich klein und zusammengezogen zu sein."

„Das haben Sie aber noch ziemlich nett ausgedrückt. Das *war* mal so etwas wie eine Leber. Nun ist sie zernarbt, geschrumpft und – fast könnte man sagen – regelrecht verklumpt."

„Und wie kommt es dazu?"

„Gute Frage. Was wir hier sehen, ist eine Leber nach einer Leberzirrhose infolge eines Alkoholabusus', also nach Missbrauch von Alkohol. Alles spricht dafür, dass Mister Miller, also Müller 27, dadurch gestorben ist."

„Und was bedeutet das?"

„Das bedeutet, dass dieser Tippelbruder maßlos getrunken hat, also ein ausgesprochener Säufer war. Das hat ihm auch den Rest gegeben."

„Das hätten Sie aber auch ein bisschen netter formulieren können."

„Was soll man denn da noch beschönigen? Säufer ist Säufer. Und dadurch ist er auch draufgegangen. Aber dass Sie mir nicht wieder mit der Menschlichkeitsmasche ankommen, drücke ich es anders aus: Er ist an Leberzirrhose gestorben.

Das zeigen auch sein eingefallenes Gesicht, die Flecken im Gesicht und die ausgesprochenen Lacklippen. Nun lebt er nicht mehr. Fast hätte ich gesagt: Nun ist er hinüber. Aber das ist Unsinn. Denn das gibt es ja nicht."
„Was gibt es nicht?", fragte wieder eine Studentin.
„Das *‚Hinüber'*, also ein Jenseits. So was gibt es nicht."
„Woher wollen Sie das denn wissen?", fragte ein Student.
„Weil ich in sämtlichen Leichen noch niemals eine Seele oder einen Geist angetroffen habe."
„Ja, in toten Körpern kann es ja auch keine Seele, auch keinen Geist geben. Denn Seele bzw. Geist verlassen ja beim Tod den betreffenden Körper. Sie beseelen einen Körper, wie es heißt. Und wenn die Seele den Körper verlassen hat – wie kann sie dann den Körper noch am Leben erhalten?"
„Nun mal langsam, ganz langsam! Ich habe auch sonst bei meinen vielen Untersuchungen noch niemals so etwas wie Seele oder Geist kennengelernt."
„Aber das ist doch auch gar nicht möglich. Seele und Geist sind doch unsichtbar. Wie sollen Sie diese denn dann auch jemals kennengelernt haben?"
„Na, wollen wir es für heute gut sein lassen. Die Zeit ist ohnehin vorbei."

Damit zog sich Professor Bodo G. aus der Affäre, ohne eine zufriedenstellende Antwort gefunden zu haben.
Eine Woche später, um die gleiche Zeit. Inzwischen hatte ein Assistent das Gehirn des Verstorbenen aus dem Leichnam herausgenommen und entsprechend präpariert, also für eine Demonstration durch *ProBo* vorbereitet.

Gehirn

Professor G., genannt *ProBo*, stellte einen grünen Plastikeimer mit der Filzstiftaufschrift *„Müller 27"* in Griffnähe, zog sich wieder dünne Plastikhandschuhe über, nahm ein Skalpell und griff mit der anderen Hand in den Plastikeimer. Nun hob er ein seltsam zerfurchtes Gebilde hoch. Es sah aus wie eine total zerknautschte Ansammlung von lauter wirr durcheinander verwinkelten Minidärmen, zwischen denen massenhaft Einbuchtungen, Furchen und Labyrinthe zu liegen schienen.
„Nun, was meinen Sie, was das ist?"
„Es sieht aus wie ein riesiges, leicht zusammengedrücktes Ei aus einer Art Wellpappe mit vielen Furchen, Runzeln und Windungen. Natürlich wissen wir, dass es ein menschliches Gehirn ist. Was sollte es denn auch sonst sein?"
„Na, Sie sind ja wohl witzig veranlagt. Aber was soll's? Dieses Gebilde ist natürlich entsprechend präpariert. Das dürfte Ihnen auch schon der beißende Formalin-Geruch sagen. Sonst wäre Herrn Müllers Gehirn schon längst in Verwesung übergegangen."
Nun schnitt *ProBo* mit dem Skalpell eine Scheibe vom vorderen Gehirn ab und zeigte sie den Studenten.
„Was fällt Ihnen auf?"
„Diese Scheibe sieht aus wie eine an den Rändern zerfurchte und zernarbte Käsescheibe oder eine riesige Champignonscheibe mit teilweise seltsamer Färbung."
„Ja, so könnte man vielleicht sagen. Es ist aber ein dünner Teil aus Müllers Frontal- oder Stirnlappen, mit dem er teilweise zu Lebenszeiten versucht hat, etwas in Bewegung zu setzen oder willkürliche Akte zu setzen, also etwas tun zu

wollen. Wie wir ja von Müllers Werdegang wissen, hat er damit nicht viel Positives verursacht. Was will man auch von einem Penn- und Wermutbruder erwarten?“
„Aber immerhin hat er uns seinen Körper zur Verfügung gestellt“, gab eine mitfühlende Studentin zu bedenken.
„Ach, hören Sie doch auf mit diesem Gefasel. Das hat er doch nur getan, um an Fusel zu kommen. Also kein *Gefasel* um *Alko-Fusel!*“
Die künftigen Mediziner quittierten diese Bemerkungen mit einem gekünstelten *Hahaha*.

Und so schnitt er immer weiter Scheiben, mal ganze Lappen vom Gehirn ab und erklärte diese einzelnen Teile je nach ihrer physiologischen Bedeutung und Funktion, also wozu diese Gehirnteile zu Lebzeiten gedient hatten. Natürlich ergänzte er diese Anmerkungen mit dem Hinweis, ebenso oder so ähnlich verhalte es sich auch bei jedem einzelnen Menschen. Diese Verfahrensweise war ja auch in Ordnung und wurde von den Studenten akzeptiert.
Weniger gefiel ihnen aber, dass *ProBo* beständig jedes Hirnteil des verstorbenen Obdachlosen mit zynischen, makabren und gehässigen Bemerkungen kommentierte. Das ging den meisten Studierenden zu weit. Deshalb bombardierten sie den Professor mit spitzen Äußerungen:
„Warum versehen Sie jede Scheibe oder jedes Teil des Gehirns mit gehässigen Kommentaren?“
„Weil ich damit zweifellos ins Schwarze treffe.“
„Und woher wollen Sie das wissen?“
„Aus meiner Überlegung, was so ein Penner wohl mit seinem Gehirn angestellt hat.“

„Das sind aber reine Vermutungen, die durch nichts belegt sind.“ Diesmal wieder eine Studentin.
„Verehrte junge Dame, dazu braucht man keine Beweise. Das sagt einem schon der einigermaßen gesunde Menschenverstand.“
„Aber Sie sind doch ein Naturwissenschaftler. Für diesen gelten zweifellos Fakten und Nachweise. Der sogenannte gesunde Menschenverstand wird auch von allen Teilnehmern an einem Stammtisch in Anspruch genommen. Hier dürfte so etwas aber mit Sicherheit nicht genügen.“
„Nun bringen Sie mich nur ja nicht in die Nähe von Stammtischbrüdern.“
„In die Nähe eines Wermutbruders aber schon.“
„Jetzt werden Sie mal nicht unverschämt. Was soll ich denn mit einem Wermutbruder oder Penner zu tun haben?“
„Sie haben ja ganz schrecklich über diesen Obdachlosen hergezogen. So, als hätten Sie ihn persönlich gekannt.“
„Ach, diese Typen sind doch alle gleich. Sie tun nichts und verlassen sich auf uns, die wir arbeiten und Vernünftiges leisten.“
„Entschuldigung, aber das ist offenbar ein Pauschalurteil. Sie wissen doch nichts über das Lebensschicksal dieses bedauernswerten Menschen. Vielleicht ist er durch einen schlimmen Schicksalsschlag aus der Bahn geworfen worden. Wir – Sie aber auch – können doch froh sein, dass unser Leben bis jetzt einigermaßen glattgelaufen ist.“
„Für Sie hoffe ich das auch fortan. Aber wenn Sie dauernd vor sich hin nörgeln, kann es leicht geschehen, dass Ihr Leben bald eine Delle bekommt.“
„Soll das eine Drohung sein?“

„Betrachten Sie das, wie Sie wollen. Ich muss mir hier jedenfalls keine Gardinenpredigt anhören."
„Das haben wir auch sicher nicht vor. Aber wir wollen bei Ihnen Anatomie studieren, aber keine Ausfälligkeiten über armselige Menschen anhören, die sich sicher auch ein besseres Leben gewünscht haben, aber leider leer ausgingen. So ein schlimmes Leben hätten wir uns bestimmt nicht gewünscht. Ich nehme an, Sie auch nicht."
Das waren die Äußerungen eines Studenten, der sich schon öfter mit scharfsinnigen Anmerkungen gemeldet hatte.
ProBo verschlug es die Sprache. Er war immer zu jeder zynischen und makabren Bemerkung in der Lage. Doch jetzt hielt er es für klüger, dieses Wortgefecht zu beenden:
„Warum sollen wir uns noch streiten? Kümmern wir uns lieber um die Gehirnsubstanz in ihrer eigentlichen Ganzheit. Ich habe Ihnen das gesamte Hirn zerlegt. Haben Sie irgendwo so etwas wie einen Geist oder eine Seele festgestellt?"
„Das haben wir doch schon bei der Anatomie des Herzens angemerkt."
„Aber da hatte ich auf die Anatomie und Physiologie des Gehirns verwiesen. Und jetzt sind wir beim Gehirn angelangt. Sie merken also: Geist und Seele gibt es auch beim Gehirn nicht. Denn sonst hätten wir diese Phänomene ja inzwischen wahrgenommen."
„Das besagt ja gar nichts", meldete sich wieder ein Student.
„Als es um das Herz ging, haben wir bereits erklärt, dass ein Toter weder Geist noch Seele vorweisen kann, denn beim Tod verlassen beide den betreffenden Körper. Also wieso soll ein Leichnam noch Geist und Seele haben?"
Und ein anderer Student ergänzte:

„Als es um die Leber des Obdachlosen und um die weiteren Ausführungen ging, haben wir ja auch noch hinzugefügt, dass Geist und Seele unsichtbar sind. Das bedeutet: Man kann beide Phänomene nicht wahrnehmen. Also ist es auch *unmöglich*, sie anatomisch und klinisch irgendwie in sogenannten Augenschein nehmen zu können. Und damit steht Ihre Ansicht, es könne somit kein Weiterleben nach dem Tod geben, auf sehr schwachen Füßen."
„Trotzdem, es bleibt dabei: Mit dem Tod ist alles aus. Und da lass ich mir von Ihnen auch kein X für ein U vormachen."
Professor G. ließ sich nicht erweichen. Und seine Medizinstudenten hielten es für müßig, sich mit ihm in weitere Wortgefechte einzulassen.

Rudolf Virchow – sein großes Vorbild

Wer in die Nähe der Charité, des Berliner Klinikums der Humboldt-Universität und Freien Universität kommt oder sie betritt, trifft sehr schnell auf das Gedächtnis an einen der berühmtesten Professoren dieses Universitätsklinikums: auf den auch heute noch bekannten Professor für Pathologische Anatomie. Er war ein knorriger Hochschullehrer für Anatomie und Physiologie, also für Lehre und Kenntnis des körperlichen Aufbaus und seiner Funktionen gewesen. Ebenso hatte er sich für eine rückhaltlose Gesundheitsforschung engagiert und für die Schaffung der Grundlagen einer unbedingten Gesunderhaltung verdient gemacht. Das ging bis hin zur Einrichtung von Abwasseranlagen, um die Stadt Berlin, in der er inzwischen lebte, von Infektionsherden für Krankheiten zu befreien, die durch Kloaken aller Art zu Krankheitsepidemien zu führen drohten.

Da er wusste, dass Politiker nicht leicht für seine Gesundheitskampagnen zu gewinnen waren, kandidierte er kurzerhand selbst zur Wahl in politische Ämter, blieb selbstverständlich aber auch Professor für Pathologische Anatomie und Physiologie. Er kämpfte für seine Überzeugung um Gesundheit und Wohlergehen aller Mitbürger. Dabei war es ihm ganz gleich, ob jemand zu den sogenannten „Höheren" oder „Niederen" gehörte. Auch für Minderheiten setzte er sich ein. Das galt ganz besonders für die sogenannten „kleinen Leute".

*Medizin galt ihm als **soziale** Wissenschaft, und Politik war für ihn **Medizin in umfassender Weise**.*
Mit all diesen Verdiensten war er gleichsam ein Wohltäter der Menschheit. Damit wäre er auch ein Vorbild für Nächstenliebe und christliche Soziallehre gewesen. Doch ebenso wie viele bedeutende Menschen schoss er gerade in diesem Punkt übers Ziel hinaus, indem er seine Pathologische Anatomie zur absoluten Größe entwickelte. Er erklärte nämlich immer wieder: **„Bei allen meinen unglaublich vielen Sektionen (Leichenöffnungen) habe ich noch niemals eine Seele oder einen Geist entdeckt."**

Hätte er zu seiner Zeit, also vor etwa 150 Jahren, etwas weniger zurückhaltende – also nicht so „brave" – Studenten gehabt, so hätten sie ihm wahrscheinlich ganz gehörig widersprochen. So wie sie es nun mit Bodo G. – genannt *ProBo* – taten. Denn er bekannte sich bei all seinen Vorlesungen, Seminaren und Übungen als geistigen Schüler und Anhänger seines großen Vorbildes *Rudolf Virchow.* Auf ihn bezog er sich immer wieder und wiederholte auch dessen unseligen Satz von den Leichenöffnungen.
So entwickelten sich auch immer wieder heftige Dialoge mit den künftigen Medizinern:
Häufig ließ er vor den Studenten Einzelorgane eines Leichnams präsentieren. Hierzu erklärte er deren Teile und ihre körperliche Funktion, die dann ein Assistent entsprechend zeigte. So brauchte er sich auch nicht mit Isolierhandschuhen zu behelligen und musste diese Körperteile auch nicht anfassen. Denn das war ihm eigentlich zuwider. Etliche seiner Medizinstudenten missbilligten diese Einstellung:

„Herr Professor G., Sie erklären sich selbst zu einem begeisterten Anhänger dieses Berliner Pathologen Virchow. Der hat sich nach unserem Wissensstand aber nicht davor gescheut, Leichenteile anzufassen. Bezieht sich Ihre Schülereigenschaft nur auf den unglücklichen Satz mit der Seele oder auch auf den gesamten Virchow?“

„Also das ist ja irgendwie eine Ungehörigkeit, mir eine solch unverschämte Frage zu stellen.“

„Wieso? Virchow hat sich nach unserem Kenntnisstand nicht davor gescheut, Körperteile eines Toten zu berühren.“

„Dafür habe ich schließlich einen Assistenten.“

„Wenn Sie meinen, okay. Mich würde es aber mal brennend interessieren, welchen Stellenwert für Sie Seele und Geist haben, von denen Sie immer wieder reden.“

„Das ist nichts weiter als ein geistiges Element, das mit dem körperlichen Leben einhergeht.“

„Und welchen Sinn soll dieses geistige Element haben?“

„Nun, wir denken und fühlen damit.“

„Aber Sie lehren doch auch immer wieder, zu diesen Funktionen hätten wir das Gehirn. *Dann brauchen wir doch nach Ihrer Interpretation keine Seele.* Welchen Sinn sollten denn dann Seele und Geist eigentlich noch haben?“

Statt hier einzulenken und den Streitdialog zu beenden, suchte *ProBo* nach halbwegs plausiblen Erklärungen, die ihm aber nicht gelingen wollten:

„Seele und Geist sind halt eben Begleiterscheinungen des körperlichen Lebens.“

„Welchen Sinn haben sie denn dann?“, wollte nun eine Studentin wissen.

„Sie haben mit Sicherheit die Funktion, Leben irgendwie zu ermöglichen."
„Und wenn das Leben aufhört, verlieren sie wohl diese Funktion, oder?"
„Möglicherweise mag das so stimmen."
„Dann hätten Geist und Seele also doch die Leben spendende Funktion. Woher wissen Sie denn dann, dass diese Lebensspender beim Tod aufhören, weiter zu bestehen?"
„Also nach Rudolf Virchow wurden sie bisher noch in keinem toten Körper gefunden. Auch ich habe sie bisher noch nicht entdeckt."
„Darüber haben wir uns ja schon früher unterhalten. Das überzeugt aber kaum jemanden. Wir haben dabei schon den Schluss gezogen, dass Seele und Geist beim Tod einen Körper verlassen. Also können sie dann auch nicht mehr in einem Körper sein. Außerdem sind Seele und Geist unsichtbar. Folglich können sie auch nicht wahrgenommen werden."
„Es ist aber dennoch wohl so – irgendwie."
„Das überzeugt mich und wahrscheinlich uns alle überhaupt nicht. Sie sprechen von ‚irgendwie'. Für einen Naturwissenschaftler und dann auch noch für einen Anhänger des großen und berühmten Pathologen Virchow ist das zu wenig."
„Ich muss schon sagen, Sie sind ziemlich aufmüpfig und frech. Das muss ich mir nicht bieten lassen."
„Dann überzeugen Sie halt eben mit Argumenten", meldete sich nun ein anderer Student.
„Was soll das denn nun schon wieder bedeuten? Ich arbeite ja mit Argumenten."
„Mit welchen denn bei Seele und Geist? Einerseits nennen

Sie diese einfach Begleiterscheinungen des Lebens. Dann sind es auf einmal Lebensspender. Das widerspricht sich doch."
„Wieso?"
„Nun, *Begleiterscheinungen* sind passive Zustände. *Lebensspender* beinhalten dagegen aktiv-wirksame Funktionen."

Professor Bodo G. hatte es schließlich nicht mehr mit schlichten Schülern zu tun, sondern mit hellwachen Studenten und zweifellos künftigen Medizinern, die ziemlich selbstbewusst, aber auch äußerst kritisch und wissbegierig waren. Mit schwachen Aussagen ließen sie sich nicht mehr „abspeisen".
Spätestens nach der logischen Beweisführung eines Studenten wäre es für den Dozenten sinnvoll gewesen, zumindest teilweise für die kritische Sehweise seiner Zuhörer Verständnis aufzubringen. Stattdessen trumpfte er jedoch auf:
„Ich lasse mich von Ihnen doch nicht so behandeln, als stünde ich vor einem Gericht. Und im Übrigen ist unsere Vorlesungs- und Übungszeit vorbei."

Rücksichtsloser Spötter

Im Kreise seiner Universitätskollegen war er wohlbekannt und teilweise auch sehr berüchtigt. Professoren von Geisteswissenschaften aller Art verachtete er als „Ausfluss aus geistigem Dünndarm“. Die Angehörigen der juristischen Fakultät waren für ihn nichts weiter als intelligenzlose Rechtsverdreher, kleinkarierte Aktentrottel und „bürokratische Monster“ mit einem Hang zu angewandtem Betrug. Als die Rechtswissenschaftler der Uni sich dann diese Charakterisierung verbaten, setzte er noch einen Hieb drauf und schloss im großen Rundumschlag gleich auch sämtliche Juristen inner- und außerhalb der Universität mit ein. Das sollte später für *ProBo* zum Bumerang werden. Die Volks- und Betriebswirtschaftler titulierte er als höchst entbehrliche und geistig minderbemittelte Krämerseelen. Mathematiker charakterisierte er als antiquierte Abziehbilder uralter und überholter griechisch-römischer Rechenkünstler wie Pythagoras, Euklid, Thales von Milet, Archimedes und so weiter. Selbst Naturwissenschaftler galten ihm als jämmerliche Parodisten von Naturvorgängen und Probiersimpel in irgendwelchen zwielichtigen Labors.
Lediglich die Philosophie nahm er in Schutz, obwohl sie ja auch zu den Geisteswissenschaften gehört. Das hatte seinen Grund in seiner eigenen Person:
Als Ausgleich für das recht strapaziöse Medizinstudium hatte er auch noch zeitversetzt Philosophie studiert und wurde darin sogar promoviert. Deshalb zog er auch nicht über diese Lehrdisziplin her.

Sonst ließ er an keiner wissenschaftlichen Fachrichtung ein gutes Haar. Alle wurden von ihm niedergemacht und spöttisch abqualifiziert. Lediglich die Medizin ließ er gelten. Aber auch da gab es für ihn Unterschiede. Etwa die Psychiatrie hielt er kaum für vollwertig. Sie erschien ihm viel zu nah an den Geisteswissenschaften. Dabei hatte er besonders die Psychologie im Blick, von der er kaum etwas hielt.

Mit diesen lauthals propagierten Äußerungen machte er sich keine Freunde. Ja mehr noch: Er trieb seine hässlichen Ausfälle so weit, dass sogar die gesamten regionalen, aber auch überregionalen Medien auf diesen gehässigen Pathologieprofessor aufmerksam wurden und in ihrem Journalisteneifer seine wilden Auswüchse aufnahmen und genüsslich verbreiteten. Das brachte Verkaufszahlen und Quoten. Und *ProBo* machte voller Begeisterung mit. Zunächst erregte er höchsten Missmut und schließlich Widerwillen und massivste Empörung, besonders bei Juristen und Ökonomen.
Zunächst dachten sie, der Anatom würde irgendwann Ruhe geben. Doch der dachte nicht daran. Er fühlte sich wohl auf der Medienwelle und im Rampenlicht.

Das erregte auf der Gegenseite intensivste Abwehr- und Kampfgefühle. Niemand wollte inzwischen klein beigeben. Im Gegenteil. Alle hofften, ihm würde mal einer „das Maul stopfen“. Und das sollte schneller kommen, als man es geahnt hätte:
Die Juristen waren es, zu denen sich auch die Volks- und Betriebswirtschaftler gesellten.
Sie bestürmten vor allem den Fakultätsdekan der Rechtswis-

senschaften. Er solle mal diesen leidigen Professor zu sich bestellen und ihm ganz gehörig den Marsch blasen. Der Dekan nahm dann auch über das Diensttelefon der Universität Kontakt zu Bodo G. auf, allerdings nur mit geringem Erfolg. Wenn der Juristendekan ihm was mitzuteilen habe, dann solle er sich gefälligst zu ihm, dem Pathologieprofessor, bemühen, vorher aber einen Termin mit ihm absprechen. Über diese höchst arrogante Art erboste sich der Jurist noch mehr. Aber wenn er Erfolg haben wollte, musste er sich wohl oder übel zu dieser Demutsgeste bequemen. Also sprach er mit dem Medizinkollegen einen passenden Termin ab und bemühte sich tatsächlich ins Anatomiebüro. Dort zog der Dekan alle möglichen schriftlichen Zeugenaussagen, auch Zeitungsberichte, hervor, mit denen er Bodo G. konfrontierte:
„Diese Äußerungen mit beleidigenden Inhalten stammen eindeutig von Ihnen, Herr G. Was sagen Sie denn dazu?"
„Wenn sie von mir stammen, dann werden sie auch mit Sicherheit fundiert und begründet sein."
„Nehmen wir mal zuerst die Äußerung ‚*intelligenzlose Rechtsverdreher*'. Wie wollen Sie so etwas beweisen?"
„Also nehmen Sie mich mal als Gegenbeispiel: Ich muss in der Realität den menschlichen Körper sezieren, seine Einzelteile analysieren und das lehrend darstellen. Ich habe es also mit der absoluten Wirklichkeit zu tun. Und was machen Sie?"
„Das ist ja nun mal Ihr Job, Ihr Beruf. Sonst hätten Sie eben auch die Rechtslaufbahn einschlagen sollen. Aber trotzdem: Wie wollen Sie Ihre beleidigenden Äußerungen rechtfertigen?"
„Im Vergleich mit mir und meiner knallharten Wirklichkeit brauchen Sie und Ihre Zunft doch nur in Büchern mit mehr

oder weniger lebenswirklichen Paragraphen herumzublättern. Was braucht man denn da an Intelligenz?"
„Also die *Zunft* muss ich mir verbitten. Außerdem müssen wir diese Gesetze ja auch richtig auslegen."
„Und dabei greifen Sie nicht selten daneben. Also ist der benutzte Ausdruck doch nicht so falsch, oder?"

Der Dekan atmete hörbar. Dieser freche Pathologe war nicht leicht zu knacken. Doch gab er sich noch nicht geschlagen:
„Dann nehmen wir den nächsten Beleidigungspunkt."
„Und der wäre?"
„*Kleinkarierte Aktentrottel* haben Sie auch noch von sich gegeben."
„Na und? Mit Akten haben Sie es doch zu tun. Und penibel müssen Sie doch auch sein. Ein anderes Wort dafür ist eben *kleinkariert*. Und das alles zusammen macht einen kleinkarierten Aktentrottel aus."
„Und dann haben Sie uns auch noch *bürokratische Monster mit einem Hang zu angewandtem Betrug* genannt. Das ist empörend und ungeheuerlich."
„Finden Sie? Ich bleibe dabei, nach wie vor."
„Dann ist das ein Fall für Staatsanwalt und Gericht."
„Wenn Sie sich lächerlich machen wollen und die Gerichte nichts Besseres zu tun haben."
Es hätte nicht viel gefehlt, und es wäre gegenüber dem Pathologen zu Tätlichkeiten gekommen. Der Dekan kochte in seinem Innern wie ein brodelnder Vulkan, besann sich aber seiner Stellung als Jurist und verließ den widerlichen Mediziner grußlos und voller Wut. Schleunigst informierte er den Fakultätsrat und gab den Dialog mit dem widerspenstigen

Anatomen wieder. Sofort beschloss der Rat, diese Angelegenheit in exakter Aktenform aufzuarbeiten und dann der zuständigen Staatsanwaltschaft zuzuleiten. Diese war nicht besonders erbaut von dem Verleumdungsvorwurf, wollte sich aber auch keine leichtfertige Antragsabweisung vorhalten lassen, vor allem weil in der juristischen Fakultät ja auch namhafte Juristen lehrten.
Also griff die betreffende Staatsanwaltschaft den Fall auf und ermittelte in der Angelegenheit eingehend.
Anschließend legte die Anklagebehörde die ermittelten Verleumdungspunkte dem infrage kommenden Amtsgericht vor. Auch dort war zunächst keine Bereitschaft erkennbar, diese Klage zuzulassen. Man hielt das Ganze für eine Kinderei, die man im Vorfeld erledigen könne.
Da allerdings wollte sich der Dekan nicht wie einen begossenen Pudel abfertigen lassen und lancierte diese Beleidigungen in die regionalen und überregionalen Zeitungen, die ja längst schon über diesen Fall berichtet hatten. Natürlich griffen sie diese Nachricht auf und berichteten eingehend darüber.
Ergebnis: Das Amtsgericht sah sich dadurch schließlich außerstande, die Anklagezulassung zu versagen. Somit kam es zum Gerichtsverfahren gegen den vorlauten und arroganten Pathologieprofessor.
Anstatt nun irgendwie einzulenken, nahm *ProBo* sich vor, notfalls vor Gericht noch weitere Abfälligkeiten über Juristen und die gleichfalls betroffenen Volks- und Betriebswirtschaftler zu riskieren. Auch der von ihm eingeschaltete Anwalt versuchte vergeblich, den Professor zur Zurückhaltung zu drängen. Im Gegenteil: Je mehr er seinen Mandanten in Richtung Unterwürfigkeit zu bringen versuchte, umso

wilder wurde dieser. Schließlich kam es so weit, dass der Anwalt noch vor dem Prozess kurzerhand sein Mandat niederlegte. Denn auch er könne als Jurist die Verleumdungen von Bodo G. nicht auf sich sitzen lassen.
Einen anderen Anwalt konnte der Pathologe in der kurzen Zeit nicht mehr finden. Und so begab er sich ohne Anwalt in den Prozess. Gegen sich hatte er die Staatsanwaltschaft mit dem Dekan und der gesamten gegnerischen Fakultät der Rechtswissenschaft.
Nach der Prozesseröffnung verlas die Staatsanwaltschaft ihre Anklageschrift mit den Verleumdungsvorwürfen. Anschließend erhielt Bodo G. Gelegenheit, sich zu den Anklagepunkten zu äußern. Statt spätestens jetzt „kleine Brötchen zu backen“, trumpfte der Pathologe noch mehr auf:
„Wenn ich bedenke, wie unsereins sich abrackern muss, um in menschlichen Leichen zu forschen und medizinische Grundlagen zu schaffen, und andererseits die Juristen nur in Gesetzbüchern herumblättern, dann halte ich all das für eine riesige Ungerechtigkeit.“
Der Amtsrichter hatte zunächst einen milden Gesichtsausdruck gezeigt und schien den beleidigenden Äußerungen keine so gewaltige Bedeutung beizumessen. Doch bei diesen neueren Bemerkungen verdüsterte sich sein Gesicht. Die ursprünglich großzügige Milde schien sich zu verlieren.
Stattdessen fragte er den Angeklagten:
„Herr Professor G., Sie beklagen da Ihre starke Berufsbelastung. Aber diesen Beruf haben Sie sich doch selbst gesucht. Oder hat Sie jemand dazu gezwungen?“
„Also, Herr Richter, diese ironischen Bemerkungen können Sie sich sparen.“

„Das ist keine Ironie. Vielmehr sollten Sie sich jetzt zu den einzelnen Anklagepunkten äußern."
„Das habe ich im Einzelnen schon diesem Jura-Dekan gesagt."
„Sie meinen den Dekan der Fakultät der Rechtswissenschaften."
„Ja."
„Und was haben Sie ihm gegenüber geäußert? Beginnen wir bei der mutmaßlichen Behauptung *‚intelligenzlose Rechtsverdreher'*."
„Ich habe meine höchst strapaziöse Arbeit mit dem reinen Herumblättern in Gesetzbüchern verglichen. Da braucht man doch nur zu lesen, was dort steht. Also ob man dazu besonders viel Intelligenz braucht, wage ich zu bezweifeln."
„Aber immerhin muss der Jurist einerseits wissen, wo er die jeweils richtigen Paragraphen findet. Und andererseits muss er die Gesetzesinhalte richtig deuten und anwenden."
„Und dabei habe ich den Eindruck, dass dies nicht immer rechtskonform geschieht."
„Nehmen wir den zweiten Vorwurf: *‚Kleinkarierte Aktentrottel'*. Was sagen Sie dazu?"
„Nun – mit lauter Papierkram und Akten haben Juraleute es doch zu tun. Kleinkariert, also äußerst pedantisch, sind sie doch auch. Das müssen sie nach meiner Meinung auch sein."
„Nehmen wir mal an, Sie hätten in beiden Gesichtspunkten recht. Wie steht es dann aber mit dem Schimpfwort *‚Trottel'*?"
„Also, ein Trottel ist nicht gerade ein intelligenter Mensch."
„Schätzen Sie Juristen allgemein so ein?"

„Ja."
„Aha!"
Der Amtsrichter nahm diese „Qualifizierung" offensichtlich mit Humor. Denn sonst hätte er auch selbst wegen Befangenheit abgelehnt werden können. Denn er war ja eindeutig auch ein Jurist. Er befragte den Pathologen weiter:
„Haben Sie mal nachgeprüft, ob Ihre Bewertungen auch den Tatsachen entsprechen?"
„Ach, das weiß man doch."
„Woher und wieso?"
„Das ist doch die allgemein verbreitete Ansicht."
„Also Sie gehen von der Meinung der Leute aus?"
„In der Tat."
„Aber die Meinung in der Bevölkerung entspricht nicht immer den Tatsachen. Oder haben Sie entsprechende Beweise?"
„Natürlich nicht."
„Sie sind ja empirischer, also auf Tatsachen aufbauender Wissenschaftler. Dann müssen Sie doch auch wissen, dass ohne Fakten keine absolute Absicherung gegeben ist. Auf Gerede und Gerüchte darf man nicht bauen. Sonst hat man auf Sand gebaut."
„Da bin ich mir auf keinen Fall sicher."
„Wieso nicht?"
„Weil man ja immer wieder hört und liest, wie es in der Juristenwelt zugeht."
„Und wie geht es da so zu?"
„Es gibt offenbar gute und weniger gute."
„Aber dass es auch wenigstens ein paar gute Juristen gibt, gestehen Sie immerhin zu, oder?"

„Na ja, meinetwegen."
„Herabgewürdigt haben Sie aber auch diese."
Professor G. zuckte mit den Schultern.
Der Amtsrichter sah ihn kurz an, blickte inzwischen ziemlich missmutig und setzte dann seine Befragung fort:
„Da gibt es aber auch noch den dritten Vorwurf. Sie sollen geäußert haben, dass Juristen *‚bürokratische Monster mit einem Hang zu angewandtem Betrug‘* seien. Was möchten Sie dazu sagen?"
Hier meldete sich der Staatsanwalt zu Wort, der nach seiner Anklagedarstellung mit der Befragung durch den Amtsrichter vollauf zufrieden war:
„Herr Vorsitzender, Sie sehen ja, dass der Angeklagte nicht bereit ist, auch nur in geringster Weise einzulenken. Er bleibt nach wie vor bei seinen Verbalinjurien, also seinen Beleidigungen, die eindeutig den reinen Tatbestand der bloßen *üblen Nachrede* übersteigen und schließlich in *Verleumdung* ausarten. Ich bin mal gespannt, was er zu diesem Hauptanklagepunkt äußert, der ja bis hin zum angeblichen Betrug durch Juristen ganz allgemein geht. So etwas ist ganz unglaublich."
„Lassen Sie es gut sein, Herr Staatsanwalt. Gerade zu diesem Punkt habe ich dem Angeklagten ja schon meine Frage gestellt."
Und an Professor G. gerichtet wiederholte der Vorsitzende seine Frage:
„Was möchten Sie zu dem letzten Vorwurf sagen, Juristen seien *‚bürokratische Monster mit einem Hang zu angewandtem Betrug‘*?"
„Also die Bürokratenart von Juristen werden Sie ja wohl zugeben. Das machen Sie in gewisser Weise ja auch selbst.

Und eine solche Bürokratie kann sich dann schließlich bis zum Monstrum entwickeln."
Auch jetzt musste der Vorsitzende fast wieder ein wenig schmunzeln. Er hielt es beinahe für ungeheuerlich, wie dieser Pathologe versuchte, sich vor Gericht aus der Affäre zu winden. Aber noch kam der schwerste Verleumdungsvorwurf, die Sache mit dem geäußerten *‚Hang zu angewandtem Betrug'*:
„Und was sagen Sie zum angeblichen *‚Hang zu angewandtem Betrug'*?"
„Dass nicht alle Juristen rechtskonform arbeiten, das hört und liest man doch überall."
„Wo und von wem?"
„Das ist doch allgemein bekannt."
„Würden Sie denn sämtliche Juristen derartig einschätzen?"
„Nicht alle, aber sehr viele."
„Also gibt es dann doch noch einige Juristen, die diesen Vorwurf nicht verdienen?"
„Kann schon sein."
„Aber dann haben Sie doch auch diese, Ihrer Meinung nach nicht zu beschuldigenden Juristen in Wirklichkeit jedoch mit beleidigt."
Der Pathologe zuckte mit den Schultern.
„Möchten Sie noch eine Ergänzung hinzufügen?", fragte der Amtsrichter daraufhin.
„Nein, ich denke, es ist alles gesagt."

Nun fragte der Vorsitzende auch noch den Staatsanwalt und außerdem der Vollständigkeit halber ganz allgemein in den Gerichtssaal hinein, ob noch irgendwelche Fragen oder An-

träge gestellt würden. Das war nicht der Fall. Dann erteilte er dem Staatsanwalt das Wort für sein Plädoyer.
Der erhob sich und fasste sich verhältnismäßig kurz:
„Herr Vorsitzender, Herr Angeklagter, meine Damen und Herren. Ich kann mich relativ kurz halten. Denn der Angeklagte hat ja faktisch nichts zu seiner Entlastung vorgebracht. Die drei Anklagepunkte konnten in der mündlichen Verhandlung nicht entkräftet werden. Deshalb beantrage ich, den Angeklagten gemäß der Klageschrift über den möglichen Tatbestand einer etwaigen *üblen Nachrede* hinaus auf Grund der Schwere der Injurien wegen eindeutiger *Verleumdung* zu bestrafen. Da kommt für die Staatsanwaltschaft eine Geldstrafe in Höhe von dreißig Tagessätzen des Nettoeinkommens infrage, die an eine karitative Einrichtung, also etwa die Caritas, zu entrichten ist. Vielen Dank."
Der Amtsrichter dankte ebenfalls und forderte nun den Angeklagten auf, sich selbst zu verteidigen:
„Herr Professor G., Sie sind ohne Anwalt …"
„… weil dieser Feigling von Anwalt mich im letzten Moment im Stich gelassen hat", fiel der Pathologe dem Richter ins Wort.
„Ich brauche auch keinen *Rechtsver* …, ich meine keinen Rechtsvertreter", korrigierte er sich im letzten Moment und lavierte sich an der eigentlichen Beleidigung vorbei. Der Amtsrichter blickte ihn mit einer seltsamen, ja paradoxen Mischung aus Belustigung und Verdrießlichkeit an. Sich zu einer ernsthaften Miene zwingend forderte er den Angeklagten zu seiner eigenen Verteidigung auf:
„Herr Professor G., Sie können sich auch selbst verteidigen. Wenn Sie das möchten, haben Sie jetzt Gelegenheit dazu."

„Nun ja, was gibt es denn dazu noch Besonderes zu sagen? Also, ich habe ja während des Verfahrens jeden Anklagepunkt einzeln geradezu zerpflückt. Die Sache mit der Rechtsverdrehung ergibt sich eben dadurch, dass nicht alle Juristen zwingend rechtskonform arbeiten und dass man sich nicht zwingend darauf verlassen kann. Aktentrottel bezieht sich auf Leute, die ja mit Akten zu tun haben und nicht immer zu den intelligentesten gehören müssen. Juristische Bürokratie ist wohl unbestritten vorhanden. Und bei etlichen Juristen muss man sicher davon ausgehen, dass sie nicht immer ganz akkurat arbeiten und durchaus in gewisser Weise als zwielichtig einzuschätzen sind. Also dürfte wohl keinerlei Vorwurf mehr übrig bleiben. Ich beantrage deshalb Freispruch, um nicht zu sagen: Ich verlange das."
Der Amtsrichter hatte sich eifrig Notizen gemacht, dankte jetzt dem Angeklagten, den er auch noch kurz nach seinem Nettoeinkommen befragte, und zog sich dann ganz kurz in sein Dienstzimmer zurück. Nicht ganz zehn Minuten später kam er in den Gerichtssaal zurück und verkündete das Urteil – im Namen des Volkes. Danach folgte er dem Antrag des Staatsanwaltes nicht ganz, aber auch nicht dem des Angeklagten. Vielmehr hielt er die Vorwürfe für nicht ganz widerlegt, aber auch nicht so gravierend wie die Staatsanwaltschaft. Jeden der drei nicht ganz ausgeräumten Anklagepunkte belegte er einzeln mit dem geringsten Satz der denkbaren Geldstrafe, also insgesamt mit 15 Tagessätzen des professoralen Nettoeinkommens. Statt der *üblen Nachrede* kam für ihn dann doch *Verleumdung* infrage und war entsprechend mit Geldstrafe zu ahnden.
Professor G. schluckte eine giftige Bemerkung hinunter und

nahm sich vor, in Berufung zu gehen. Dies sagte er auch den anwesenden Reportern, die das natürlich ganz begierig aufgriffen und am nächsten Tag darüber berichteten.
Das las dann auch der Dekan der Medizinischen Fakultät, der umgehend Kontakt zu dem schwierigen Kollegen aus der Anatomie aufnahm. Er bestellte den Pathologen zu sich. Anders als beim Dekan der juristischen Fakultät kam Bodo G. nun diesem Wunsch unverzüglich nach und bemühte sich ohne Zeitversäumnis zu seinem Dekan.
Der empfing ihn mit mühsam verhaltenem Zorn:
„Sagen Sie mal, Herr Kollege, man hört ja seit einiger Zeit von Ihnen so manches."
„Und was?"
„Ja nun, Sie überziehen sozusagen sämtliche Fakultäten und Abteilungen mit bissigem Spott, beißender Ironie und allen möglichen Diffamierungen. Welchen Sinn sehen Sie denn nun darin?"
„Nun, ich möchte anderen Uni-Angehörigen klarmachen, dass sie im Vergleich mit uns Medizinern doch ein ziemlich elegantes Berufsleben haben."
„Das mag ja alles sein. Aber haben wir das denn nötig?"
„Wir nicht, aber die anderen."
„Und dann haben die Juristen Sie auch noch vor ein Gericht gebracht."
„Das kann man sich bei solchen Leuten doch denken, diesem Gesocks."
„Also das möchte ich nicht gehört haben."
„Es ist aber so. Oder soll ich Gesindel sagen?"
„Sie sollen sich sämtlicher beleidigenden Ausdrücke enthalten. Denn mit Ihren überallhin ausposaunten Diffamierun-

gen bringen Sie die gesamte Medizinische Fakultät in gewaltigen Misskredit. Ich möchte, dass Sie nun Ruhe geben. Ansonsten muss ich den Fakultätsrat einschalten."
„Und was soll das bringen?"
„Wenn Sie weiterhin herummäkeln, kann ich das Rufrisiko nicht allein tragen."
„Meinetwegen! Auch der Fakultätsrat kann mein Recht auf freie Meinungsäußerung nicht beschneiden."
„Darum geht es ja auch gar nicht. Freie Meinungsäußerung darf aber nicht in Beleidigung ausarten. Das hat ja auch das Gericht so gesehen, indem es Ihnen eine Geldstrafe auferlegt hat."
„Dagegen werde ich ja auch Berufung einlegen."
„Was? Hat Ihnen ein Prozess noch nicht gereicht?"
„Das muss ich mir aber nicht bieten lassen."
„Nun, ich möchte Ihnen ernsthaft anraten, die jetzige Geldstrafe hinzunehmen und sich künftig zurückzuhalten."
„Und wenn ich darauf nicht eingehe?"
„Dann muss ich den Fakultätsrat informieren und die Sache beraten lassen. Anschließend könnte zumindest eine ernstliche Rüge auf Sie zukommen."
„Das wird mich auch nicht sonderlich beeindrucken. Aber ich möchte mir die Angelegenheit wenigstens bis morgen überlegen und Sie dann in Kenntnis setzen."

Bodo G. teilte dann am nächsten Tag seinem Dekan mit, dass er auf dessen Vorschlag eingehe. Dem Dekan fiel ein Stein vom Herzen. Und damit schienen von dem aufmüpfigen Pathologen zumindest vorerst keine weiteren Beleidigungsattacken mehr auszugehen.

Lehrbeauftragter mit üblen Absichten

Dass er sich fortan im Bereich der Medizinischen Fakultät und an seiner Heimatuniversität zurückhalten musste, hinderte ihn aber nicht daran, an der Hochschule in einer Nachbarstadt sein ätzendes Gift zu versprühen. Denn dort war er Lehrbeauftragter für Philosophie. Und dazu war er gleichsam auf abenteuerlichen Wegen gekommen:
Als Ausgleich für das äußerst strapaziöse, zum Teil aber auch stark lernorientierte Medizinstudium hatte er – wo es ging – zeitversetzt nebenbei Philosophie studiert und war darin auch promoviert worden. Noch bevor er irgendwann einmal Pathologie- oder eigentlich Anatomieprofessor wurde, hatte er sich schon um einen Lehrauftrag an der anderen Hochschule beworben, den er dann auch erhielt und der ihm das erwünschte Nebeneinkommen sicherte. Diesen Lehrauftrag nahm er auch weiterhin wahr. Es war eine unterschiedliche Studentenschaft, deren Interessen nicht mit denen seiner Medizinstudenten zu vergleichen waren. Teilweise waren sie für seine häufig abfälligen Bemerkungen eher zu begeistern als die Mediziner, teilweise waren sie aber auch ganz besonders kritisch.
Ihm bereitete es stets eine ganz besondere Freude, gehässige, abfällige und bösartige Spötteleien gegen jedermann, besonders aber über Menschen zu äußern, die sich nicht wehren konnten. Das war auch der Grund, wieso er noch Single war. Er hatte schon manche Bekanntschaften durch seine zynische Wesensart zerstört. Immer wenn junge Damen, die

er gern als Freundinnen gehabt hätte, erkannten, mit welchen üblen Geschichten er immer wieder über andere herzog, gaben sie ihm sehr schnell den Laufpass. Das verbitterte ihn mehr und mehr. Daher empfand er in seinen beiden Lehrtätigkeiten eine Art inneren – psychischen – Ausgleich. Freunde machte er sich damit aber überhaupt nicht.

Um irgendwie nachvollziehen zu können, wieso er zu einem solchen Menschen geworden war, empfiehlt sich ein Rückblick in seine Jugend:
Er war ein Einzelkind und ziemlich verwöhnt. Sein Vater war ein wohlhabender Autohändler, dem es mit ebenso rigorosen, raffinierten wie rabiaten Methoden immer wieder gelang, alle nur denkbaren Autos zu verkaufen. Und wenn sich Käufer ungerecht behandelt fühlten, beschwichtigte er sie oder bedrohte sie mit Rechtsanwalt und Gericht. Da er das Glück hatte, dass weit und breit kaum ernsthafte Konkurrenz existierte, ging sein Autogeschäft trotz seiner üblen Machenschaften dennoch gut und zufriedenstellend. Im Stillen machte er sich über seine zum Teil auch gutgläubige Kundschaft lustig und juxte über sie. Seine Frau war eine ruhige und liebenswürdige Person, die aber kaum Einfluss auf ihren Mann hatte. Zunächst hatte sie immer wieder versucht, begütigend auf ihn einzuwirken. Es war aber erfolglos. Mit der Zeit war sie abgestumpft. Sie konzentrierte sich auf die Erziehung des Sohnes, den sie zu einem guten Menschen machen wollte. Ihr Mann aber mischte sich stets in die Erziehung ein und trimmte den Sprössling zu einem Egozentriker, Egomanen und Egoisten.
„Du musst rücksichtslos sein, raffiniert und darfst vor allem

nie klein beigeben. Nimm dir, was du kriegen kannst. Und wenn da einige Leute dabei auf der Strecke bleiben, dann haben sie eben Pech gehabt. Du darfst aber nie unterliegen. Entweder du ziehst die über den Tisch oder die dich. Und was meinst du, ist denn besser?"
„Natürlich wenn die anderen unterliegen."
„Das gilt auch für die Schule. Du musst immer besonders gut sein oder sehr gut. Oder willst du mal ein Nullachtfünfzehn-Fach studieren und nicht genug verdienen. Sieh zu, dass du Mediziner wirst. Die Brüder sahnen tüchtig ab."

Wenn Bodo G. „nur" mit der Note *Zwei* ankam, mäkelte sein Vater herum und war erst zufrieden, wenn wieder eine *Eins* fällig war. So kam es, dass Bodo schließlich nur noch lernte und arbeitete, um seinen Vater zufriedenzustellen. Dass er dabei seelisch ziemlichen Schaden nahm, war dem Vater offenbar gleichgültig. Seine Mutter versuchte, so gut wie möglich für einen soliden Ausgleich zu sorgen. Doch funkte ihr Mann immer wieder dazwischen. Die dadurch bedingten unterschiedlichen Erziehungsrichtungen brachten den allmählich Heranwachsenden in eine derart zwiespältige Zerreißsituation, dass er zeitweise selbst nicht mehr wusste, welche Einstellung er tatsächlich einnehmen sollte. So entwickelte sich mehr und mehr ein psychisch labiler Mensch, der diese Schwäche irgendwann erahnte, aber nicht zugeben wollte. Die Folge war, dass er sie mit Gefühlskälte, zynischem Spott und Überheblichkeit zu überspielen versuchte. Das betraf ganz besonders alles, was mit Religion zusammenhing. Genau so war es ihm auch ganz besonders von seinem Vater beigebracht worden. Für den gab es als oberstes Gebot nur, Geld zu verdienen, sich durchzusetzen und beständig obenauf zu sein. An andere zu denken, anderen zu helfen und Rücksicht auf Mitmenschen zu nehmen, waren für ihn und somit bald auch für seinen Sohn Auswüchse von Schwäche und Unsinn. Vor allem galt das für jegliche Art von Religion, Glauben und Gläubigkeit.

Und diese schäbige und elende Einstellung äußerte Bodo G. auch an jeder irgendwie passenden Stelle, ganz gleich, ob als Pathologe an der Heimatuniversität oder als Lehrbeauftragter an der Hochschule in der Nachbarstadt:
„Meine Studenten der Anatomie äußern oft seltsame Ansichten über den Tod. Da gibt es doch tatsächlich Naivlinge, die meinen, dass es nach dem Tod wohl weiterginge."
„Und ist das denn nicht der Fall?", wollte darauf eine Philosophiestudentin wissen.
„Natürlich nicht. Das ist dummes Zeug."
„Können Sie das denn begründen?", meldete sich nun ein Student.
„Natürlich ganz leicht. In meinem ganzen Medizinerleben habe ich viele Leichen geöffnet. Das bringt mein Beruf als Pathologe der Anatomie so mit sich. Und bei allen Leichenöffnungen und sämtlichen anatomischen Untersuchungen einer Vielzahl von Gehirnen habe ich nirgendwo so etwas wie eine Seele oder einen Geist kennengelernt."
„Da haben Sie sicher recht, Herr G.", pflichtete ihm jetzt ein liberal-freigeistiger Student bei.
„Wie soll denn so etwas auch möglich sein?"
ProBo nickte ihm voller Wohlwollen zu.

Ein ganz hartnäckiger anderer Student ließ den Lehrbeauftragten nicht so leicht davonkommen:
„Nun hat man ja schon oft gehört und gelesen, dass alles Geistige, wozu auch die Seele gehört, nichts Materielles und nichts Stoffliches sein soll und wohl auch ist. Also können Sie das sicher auch nicht bei anatomischen Untersuchungen feststellen."
Nun schaute *ProBo* diesen Studiosus nicht mit Wohlwollen, sondern höchst missmutig an und äußerte seinen Unmut zunächst mit einem höhnischen Gelächter, ehe er spöttisch antwortete:
„Um zu einer solchen und noch dazu so albernen Sehweise zu kommen, müssen Sie aber lange gelesen und vieles gehört haben. In der Wissenschaft zählen nur Fakten, Fakten, Fakten."
„Das bezweifelt ja auch niemand. Aber zwischendurch müssen Sie doch auch die gedanklichen Zusammenhänge fassen. Und wie geschieht das bei Ihnen?"
„Durch Denken."
„Und – kann man dieses Denken denn auch mit naturwissenschaftlichen Fakten und Forschungen greifen, fassen und mit Sicherheit wahrnehmen?"
„Ich denke, dass man das schon kann."
„Und wie?"
„Durch Denkprozesse."
„Und wie geschehen diese Denkprozesse?"
„Durch Kombinations- und gestalterische Vorgänge im Gehirn."
„Wie laufen die denn naturwissenschaftlich detailliert ab?"
„Das kann man natürlich faktisch nicht so im Einzelnen darstellen."

„Also vollzieht sich das so ziemlich rein geistig?“
„So könnte man vielleicht sagen.“
„Aha! Also gestehen Sie zu, dass es auch rein geistige Prozesse gibt.“
„Ja, warum sollte ich das denn nicht tun?“
„Weil Sie alles immer wieder an materiellen Fakten fixieren.“
ProBo schaute diesen äußerst kritischen Studenten ärgerlich und wütend an. Denn der hatte ihn schließlich auf ein ziemlich rutschiges Glatteis gebracht. Dozent G. gab auf einmal zu, dass nicht alles im Leben nur rein materiell und naturwissenschaftlich ablaufe, sondern dass es auch rein geistige Vorgänge gebe. Irgendwie dämmerte es ihm, dass ihn dieser kritische Student in eine üble Falle gelockt hatte: *Also gab es doch auch so etwas wie ein geistiges Leben!* Damit war *ProBos* stetige Absage an jegliche geistige Existenz nicht mehr haltbar.

Der freigeistige Student bemerkte die Falle, in die sich der Lehrbeauftragte hatte treiben lassen, und kam ihm zu Hilfe: „Ich finde, dass das ein rein spekulatives Geplänkel ist, was der Kommilitone da entwickelt hat. Natürlich meine ich auch, dass Seele und Geist mit dem Sterben eines Menschen aufhören zu existieren. Und dass es deshalb auch nicht so etwas wie ein Jenseits gibt.“
„Sie haben recht“, pflichtete Bodo G. ihm direkt dankbar bei. „Wieso soll es überhaupt ein Jenseits geben, wenn es darin nichts aufzubewahren gibt?“
Auf diese ironische Frage hin lachten viele der Studenten, aber nicht alle. Kritischere Studenten hakten vielmehr nach:

„Was bezwecken Sie denn mit der Feststellung, es gebe kein Jenseits?“, war die Folgefrage an Professor G.
„Nun, wenn es kein Jenseits gibt, ist folglich auch die Existenz irgendeines Gottes ausgeschlossen.“
„Wieso das denn? Gott ist doch nicht zwingend an ein Jenseits gebunden. Umgekehrt aber auch nicht. Es soll immerhin Religionen geben, die zwar einen Gottesglauben haben, aber kein Jenseits kennen. Ihre angeblich zwingende Logik ist also nicht stichhaltig.“
„Und welche Religionen sollen das denn sein, Sie Schlaumeier?“
„Ich denke da an ostasiatische Religionen.“
„Ach, das sind doch keine Religionsrichtungen, die hier in Betracht kommen können.“
„Und an welche Religionen haben Sie denn gedacht?“
„An die sogenannten monotheistischen wie Judentum, Christentum oder Islam.“
„Da haben Sie aber die besonders wichtigen aufs Korn genommen.“
„Ja eben die, die besonders viele Anhänger haben, also lauter Narren sind.“
„Wieso das denn?“, wollte jetzt eine Studentin wissen.
„Also Milliarden Menschen sollen irre sein? Und nur Sie und eine Handvoll Studenten hier im Saal sind die Vernünftigen. Übernehmen Sie sich damit nicht? Können sich denn so viele Menschen irren?“
„Wenn sie in ihrem Gottes- und Jenseitsglauben verharren, dann mit absoluter Sicherheit.“
ProBo zeigte ein breites, höhnisches Grinsen, worauf etliche Studenten ein spöttisches Gelächter anstimmten. Aus

den Reihen der kritischen Studenten aber kamen wieder unerschrockene Gegenkommentare:
„Nur weil Sie in den von Ihnen sezierten toten Körpern keine Seelen gefunden haben, wollen Sie damit die Fortexistenz von Seele und Geist anzweifeln. Das ist aber beileibe kein wissenschaftlicher Beweis. Denn Seele und Geist sind keine materiellen, also stofflichen Phänomene, die man naturwissenschaftlich erforschen kann. Außerdem haben sie nach den ernst zu nehmenden Lehren vieler Philosophen den Körper beim Tod verlassen, sodass man sie in den sterblichen Überresten auch nicht mehr finden kann."
Ein anderer kritischer Student fügte hinzu:
„Herr G., Ihr einziges Argument ist eindeutig, in den Leichen noch keine Seele gefunden zu haben, was der Kommilitone sinngemäß ja schon widerlegt hat. Sie behaupten, folglich könne es keinen Gott und kein Jenseits geben. Das ist also eine rein *negative* Schlussfolgerung. Haben Sie aber auch eine *positive* Folgerung, indem Sie faktisch, also nicht nur hypothetisch, beweisen, dass es Gott nicht gibt?"
„Das ist doch nicht möglich."
„Also *kann* es Gott doch geben?"
„Kann … kann schon. Aber es gibt ihn nicht."
„Jetzt fallen Sie wieder in Ihre alte Meinung zurück. Eindeutig widerlegen können Sie also nicht, dass Gott tatsächlich doch existieren kann."
„Wenn Sie so spitzfindig argumentieren."
„Spitzfindig oder nicht, bis zum eindeutigen Beweis des Gegenteils sollte man mit Negativurteilen vorsichtig sein."

Hier zog Professor G. es vor, das Seminar zu beenden. Er fühlte sich gar nicht wohl, blieb aber bei seiner vorgefassten Ansicht.

Wortführer in öffentlichen Talkshows

Durch seine vielen aggressiven Äußerungen, den verlorenen Gerichtsprozess und die gesamten bisherigen Presseberichte hatte Bodo G. mittlerweile einen derartigen Bekanntheitsgrad erreicht, dass er in viele Diskussionsrunden im Fernsehen, zu manchen Interviews liberaler Presseorgane und als Redner zu Atheistenkongressen eingeladen wurde. Dort zog er rücksichtslos über die „armen Irren" her. Damit bezeichnete er alle gläubigen Menschen, ganz gleich, welcher Religion sie auch angehörten. Alle qualifizierte er in einer Weise ab, dass manche religiöse Gruppierungen Verleumdungsprozesse erwogen.

Moderatoren von Talkshows bestürmten ihn zwecks Teilnahme an ihren Gesprächsrunden, in denen er sich bald zum Wortführer entwickelte. Vor allem Vertreter christlicher Kirchen nahm er aufs Korn: Dabei war es ihm egal, ob es sich um Katholiken, Protestanten oder Angehörige von Evangelisch-Freikirchlichen Gemeinden handelte. Er drosch auf alle ein.
Dies zeigt eine Diskussionsrunde mit einem katholischen Weihbischof, einem evangelischen Landessuperintendenten und dem Pastor einer Evangelisch-Freikirchlichen Gemeinde.
Hier versuchte G. sich zuerst an dem Weihbischof zu reiben: „Mit Ihrem Job verdienen Sie doch sicher ganz viel. Was machen Sie denn so den ganzen Tag für das viele Geld?"

„Also erstens ist das ein religiöses Amt und kein Job. Zweitens habe ich morgens einen besonderen Gottesdienst. Und drittens bin ich die meiste Zeit unterwegs, um Jugendliche zu firmen, also endgültig auf ihr religiöses Leben vorzubereiten. Dazu habe ich immer wieder Predigten vorzubereiten und auch zu halten. Dann muss ich auch im Auftrag meines Bischofs Kirchen und Kapellen weihen und Visitationen, also eine Art Überprüfung in den Pfarrgemeinden, durchführen."
„Und das nennen Sie anstrengend?"
„Wenn man es ordentlich macht, ist es sehr anstrengend. Und ich bin immer darauf aus, alles ordentlich zu machen."
„Meinen Sie? So ein bisschen herumreisen, reden und beten ist doch sicher nicht anstrengend."
„Es ist mit Sicherheit anstrengender als die acht Stunden Forschung und Lehre eines Hochschullehrers pro Woche."
„Oh, jetzt keilen Sie zurück. Das ist doch nicht christlich."
„Doch. Ich greife Sie ja nicht an, sondern wehre mich nur. Und zur berechtigten Wehr darf sich ein Christ sehr wohl setzen."
„Meinetwegen. Was machen Sie denn mit dem vielen Geld?"
„Zunächst einmal wird mir als einem Unverheirateten eine hohe Steuer abgezogen. Dann habe ich zugunsten der Diözese und für die Krankenversicherung weitere Abgaben, sodass mir zum Wohnen und Leben nicht allzu viel verbleibt. Also im Luxus lebe ich nicht."
Hier schaltete sich der Moderator ein:
„Also, meine Herren, das ist ja alles sehr interessant, aber die Befragung sollten Sie vielleicht ein wenig mir überlassen.

Aber wenn wir schon dabei sind, über den Tagesdienst und das Einkommen zu reden, wäre es doch mal von Interesse, die beiden anderen Herren zu fragen."
Dabei blickte er den protestantischen Landessuperintendenten an. Der antwortete auch bereitwillig und ohne zu zögern:
„Also, mein Tagesdienst ist auf evangelischer Seite teilweise mit dem des Weihbischofs vergleichbar, wenn auch in etwas abgewandelter Form. Zugleich bin ich für meinen jeweiligen Sprengel verantwortlich und muss ihn im Auftrag der Landeskirche leiten. Ich bin also eine Art Mittelsmann zwischen den einzelnen Kirchengemeinden und der Landeskirche. Mein Einkommen ist mit dem des Weihbischofs vergleichbar. Doch habe ich auch eine Familie, eine ziemlich große sogar, und entsprechend hohe finanzielle Belastungen. Auch ich lebe in keinem Luxus."
„Da kommen einem ja die Tränen", mischte sich Bodo G. wieder ein, obwohl der Moderator ihn nicht zur Meinungsäußerung aufgefordert hatte. Dabei zeigte er ein ausgesprochen hämisches Grinsen. Etwas hilflos versuchte der Leiter der Talkshow das zu überspielen und gab die allgemeine Frage an den Pastor der Evangelisch-Freikirchlichen Gemeinde weiter. Der beantwortete sie auch aus seiner Sicht möglichst umfassend:
„Ja, meine Tätigkeit bezieht sich – wie die Bezeichnung es schon sagt – auf die Tätigkeit als Pastor und die Gestaltung von Gottesdiensten, kirchlichen Feiern und das Austeilen des Abendmahls. Vor allem geht es aber auch um das Kernstück unserer Gottesdienste, also die Predigten. Eine Hierarchie wie bei den Katholiken und Protestanten gibt es bei uns

nicht. Deshalb kennen wir auch keine derartigen Leitungsfunktionen mit den dortigen Problemen. Mein Einkommen ist anders geregelt und hält sich in Grenzen."
„Hört, hört", meldete sich Bodo G. ungefragt wieder und ergänzte mit gehässigen Bemerkungen:
„Also einer vernünftigen Tätigkeit gehen Sie alle drei nicht nach, werden fürs Beten und Reden aber ganz ordentlich besoldet. Unsereins muss sich für sein Geld mit Leichen befassen."
Der Weihbischof lächelte ihn mit einem väterlich liebevollen Lächeln an und antwortete ihm milde:
„Herr Professor, für Ihre Situation habe ich vollstes Verständnis. Doch während Sie sich mit toten Körpern befassen müssen, gehört es auch zu unseren Aufgaben, die Sterbenden auf ihrem Sterbebett zu trösten, ihnen die Sakramente zu spenden und sie auf ihrem letzten diesseitigen Weg zu begleiten. Nun überlegen Sie mal, was erfordert denn mehr Kraft?"
Die beiden anderen Geistlichen stimmten ihm sinngemäß zu.
Dennoch zeigte Bodo G. sich unbeeindruckt und holte wieder zu einer gehässigen Bemerkung aus:
„Papperlapapp! Sie haben es doch nicht dauernd mit Sterbenden zu tun, ich aber beständig mit Toten."
Der evangelische Landessuperintendent hielt es nun für angebracht, dem Pathologen mit der nötigen Höflichkeit in die Parade zu fahren:
„Den Beruf eines Mediziners und dann des Anatomieprofessors haben Sie sich doch selbst ausgesucht. Also dürfen Sie sich jetzt nicht darüber beschweren."

Bodo G. schaute ihn wütend an und schimpfte:
„Ihre einfallslosen Kommentare können Sie sich sparen. Das sind alles dumme Bemerkungen, wenn man sonst nichts mehr weiß.“
„Aber meine Herren“, schaltete sich jetzt wieder der Moderator ein, bevor die Stimmung zu eskalieren drohte. „Eigentlich lautet unser Gesprächsthema ja:
Sind Religionen noch zeitgemäß: Gibt es Gott und Jenseits?
Darüber wollten wir uns unterhalten. Also bitte ich Sie der Reihe nach um Ihre Ansichten oder Einschätzungen.“
Dabei sah er zuerst den Weihbischof an. Gerade wollte dieser Geistliche zu seinem Beitrag ansetzen, da giftete der Pathologe schon wieder dazwischen:
„Warum den denn schon wieder?“
„Weil dieser Gesprächsteilnehmer die Diskussionsrunde eröffnet.“
„Das haben Sie ja ganz clever hingekriegt.“
Der Weihbischof nahm es gelassen und meinte:
„Ich muss nicht als Erster sprechen.“
„Doch, sonst bekommen wir hier ein Chaos“, versuchte der Moderator wieder die Gesprächsführung an sich zu ziehen.
„Das bekommen wir erst recht, wenn die drei Christlichen hier herumreden.“
Darauf der Moderator:
„Also, Herr Professor, ich bitte Sie.“
Der Angesprochene zuckte widerwillig mit den Schultern und schaute grimmig, sagte dann aber vorerst nichts. Daher begann der Weihbischof mit seiner Stellungnahme:
„Dass es eine höhere Weltenmacht geben muss, das sagt ja schon die existierende Welt. Denn woher soll sie denn sonst

kommen? Wie wir auch aus den Naturwissenschaften wissen, entsteht nichts von selbst und ohne Verursacher."
„Und wie steht es mit dem Urknall?" Bodo G. konnte sich nicht bremsen.
„Auch den musste doch eine höhere Weltenmacht verursachen, wenn es ihn denn je gegeben hat. Denn sonst gäbe es auch heute noch derartige Phänomene. Wir wissen: Ohne Verursacher geschieht nichts und ohne eine überirdische Weltenordnung gäbe es das unendliche Chaos. Dann entstünde eine katastrophale Explosion nach der anderen. Und wir Christen sehen in dieser höheren Weltenmacht den ewigen Gott. Ohne ihn ist nichts entstanden, was heute alles existiert."
Bodo G.s Gesicht war inzwischen puterrot angelaufen. Der Leiter der Talkshow bemerkte das und hielt es deshalb für angebracht, dem Pathologen nun eine Entgegnung zu gestatten, um aus „dessen Dampfkessel den Druck herauszunehmen", sodass dieser giftete:
„Die katastrophale Explosion, von der dieser Klerikale eben gefaselt hat, gibt es, seitdem die Religionen und die Religiösen existieren."
„Also bitte, Herr Professor, als gebildeter Mensch sollten Sie auch andere Ansichten gelten lassen", versuchte nun der Landessuperintendent begütigend einzuwirken.
„Was heißt denn hier ‚gebildeter Mensch'? Soll ich Ihnen, den Christlichen, das Feld überlassen?"
„Das brauchen Sie auch nicht. Aber Toleranz sollten wir erwarten dürfen."
„Damit Sie drei da Oberwasser haben."
„Sie können ja ruhig bei Ihrer Sehweise bleiben", äußerte sich nun auch der Pastor der Evangelisch-Freikirchlichen

Gemeinde. „Sie werden aber doch wohl andere Meinungen zulassen. Das Recht auf Meinungsfreiheit garantiert ja schon das Grundgesetz."
„Dagegen habe ich nichts. Aber gegen notorische Dummheit!"
„Dann müssten Sie uns schon mal unsere sogenannte ‚notorische Dummheit' nachweisen." Der Pastor der Evangelisch-Freikirchlichen Gemeinde setzte hartnäckig den Dialog mit dem vorlauten Pathologen fort. Der antwortete mit mühsam verhaltenem Zorn:
„Da braucht man nicht groß etwas nachzuweisen. Wer an so etwas Komisches wie Seele, Gott und Jenseits glaubt, beweist dadurch allein schon seine intellektuelle Unbedarftheit."
„Sie lehnen also die Existenz Gottes ab."
„Natürlich! Ich habe bei meiner langen Anatomietätigkeit noch nirgendwo so etwas wie Seele oder Gott gesehen oder kennengelernt. Sie alle drei behaupten es aber. Können *Sie* denn beweisen, dass es Gott überhaupt gibt?"
„Das hat ja unser Eingangsredner zu dieser Thematik, der Weihbischof, bereits umfassend dargestellt. Ich denke, dieser Stellungnahme können auch wir uns weitestgehend anschließen."
Der Landessuperintendent nickte. Der Pastor setzte daraufhin seine Auseinandersetzung mit dem Pathologen tapfer fort:
„Ich brauche Ihnen wohl nicht zu sagen, dass man in einem toten Körper auch keine Seele mehr wahrnehmen kann, schon allein wegen ihrer Unsichtbarkeit."
„Ja, ja, damit haben bisher auch meine Studenten immer wieder zu argumentieren versucht."

„Und? Was haben Sie darauf geantwortet?"
„Auf so ein dummes Zeug bin ich nicht ernsthaft eingegangen."
„Dann haben Sie sich mit diesem einleuchtenden Argument also auch noch nicht auseinandergesetzt?"
„Nein."
„Das hätten Sie aber lieber getan. Doch drehen wir einfach den Spieß mal um."
„Also wieder etwas Unchristliches?", spottete G. mit hämischem Grinsen.
„Durchaus nicht. Vielmehr geht es nur um eine wissenschaftliche Diskussion. Sie als Hochschullehrer werden dafür doch sicher Verständnis aufbringen."
„Aber sicher. Legen Sie nur los."
„Wir, die Christlichen, wie Sie uns bezeichnen, haben ja mit der Darstellung unseres Erstredners und unserer ökumenischen Akzeptanz ins Feld geführt, dass es zwingend eine höhere Weltenmacht, also Gott, geben muss. Das ist in knapper Form die Beweisableitung, dass es Gott sehr wohl gibt, dass Gott existiert. Und nun die Frage an Sie: Können *Sie* denn beweisen, dass es *keinen* Gott gibt? Kommen Sie uns aber bitte nicht mit der nicht vorhandenen Seele in toten Körpern. Das wurde ja schon widerlegt."
Der Moderator schaute daraufhin den Pathologen höchst interessiert an und ermunterte ihn zu einer Erwiderung.
„Was soll denn diese dumme Frage?"
„Aber, Herr Professor", griff jetzt wieder der Weihbischof in die Diskussion ein. „Sie können doch sicher Ihren Standpunkt beweisen, wonach es angeblich keinen Gott geben soll."

Dabei blickte ihn der Sprecher wieder in väterlich-gütiger Weise an.

„Sie brauchen mich nicht wie ein kleines Kind anzulächeln. Sparen Sie sich Ihr klerikales Gehabe. Und übrigens muss ich Ihnen hier auch nicht Rede und Antwort stehen. Ich bleibe dabei: Bei meinen Leichenöffnungen habe ich noch nie Seele, Geist und Gott gefunden."

„Dieses Scheinargument zieht ja nicht. Das ist längst schon das berühmte stumpfe Schwert", ergänzte der Landessuperintendent. Die beiden anderen Geistlichen nickten nun ihrerseits eifrig.

Und der Moderator hielt es – auch wegen der fortgeschrittenen Zeit – für angebracht, diese Talkshow zu beenden.

Professor G. blieb dabei aber völlig unbeeindruckt und ungerührt bei seiner Ansicht.

Verhängnisvolle Podiumsdiskussion

Trotz dieser für ihn ungünstig verlaufenen Talkshow wurde Bodo G. immer wieder gern zu kämpferischen Diskussionsrunden eingeladen. Natürlich nahm er diese Einladungen mit Begeisterung an, vor allem auch, wenn er offensichtlich Diskussionsgegner hatte, denen er gehörig über den Mund fahren konnte. Sogenannte Mitstreiter waren ihm recht, doch konnte er auch ganz allein seine Ansichten verbreiten. Und wie zumeist schwang er sich auch bald zum allgemeinen Wortführer auf. Allein seine angekündigte Teilnahme ließ Veranstaltungsräume brechend voll werden.
So nahm er auch an einer Podiumsdiskussion teil, die den Titel trug:
„Gott – Seele – Geist – Jenseits?“
In dem großen Veranstaltungssaal saßen mehrere Hundert Menschen. Neben dem Pathologen gab es noch weitere drei Diskussionsteilnehmer: einer, der wie Professor G. die Existenz Gottes leugnete, und zwei vom Glauben an Gott Überzeugte. Das Podium stand auf einer hoch gelegenen Bühne, sodass alle Menschen im Saal einen sehr guten Blick auf die Redner hatten.

Der offenbar sehr liberal eingestellte Moderator eröffnete die Gesprächsrunde auch gleich mit nur mühsam zurückgehaltener, spöttischer Überheblichkeit:
„Ich begrüße Sie alle sehr verbindlich. Jetzt werden zu-

nächst viele von Ihnen fragen, was dieses Thema eigentlich bedeuten soll. Nun, das ist rasch gesagt. Uns wurde diese doch reichlich seltsame Thematik nämlich von konservativen Kreisen aufgenötigt. Es gibt ja leider immer noch genug Zeitgenossen, die nicht auf der Höhe der heutigen Trends angekommen sind und sich dem Fortschritt hemmend in den Weg stellen. Deshalb müssen wir uns eben mit dieser Thematik befassen. Um Sie nun richtig einzustimmen, übergebe ich das Wort auch gleich an den sehr verehrten Diskussionsteilnehmer, Herrn Professor G., einen überaus renommierten Pathologieprofessor."

ProBo, wie er ja bei seinen Studenten hieß, glänzte über das ganze Gesicht und begann auch gleich mit seinen ätzenden Darstellungen:

„Meine Damen und Herren. Das trifft sich ja gut, dass der Moderator zutreffend mit dem Diskussionsthema angefangen hat. Wenn es denn so etwas geben muss, meinetwegen. Aber dann sollte man hinter diese Schlagworte mehrere Fragezeichen setzen. Wer mag sich eigentlich nur so sonderbare Ausdrücke ausgedacht haben? Das kann man doch als denkender und erst recht als realistisch eingestellter Mensch überhaupt nicht für möglich halten."

Hier meldete sich ein Diskussionsteilnehmer mit gegenteiliger Meinung. Etwas widerwillig übergab ihm der Leiter der Runde das Wort.

Dieser Gesprächsteilnehmer wünschte sich eine genauere Ausdrucksweise:

„Herr G., Sie drücken sich so geheimnisvoll aus. Soll das mit den Fragezeichen bedeuten, dass Sie überhaupt diese ganze Thematik für falsch halten. Für eine exaktere Darstellung

wäre ich Ihnen dankbar. Wahrscheinlich gilt das auch für alle Damen und Herren hier im Saal."
Bodo G. musterte ihn mit arrogantem Seitenblick und erwiderte von oben herab:
„Ich entnehme Ihrer mühsamen Äußerung, dass Sie also eine solche Thematik gutheißen."
„Ja natürlich. Man kann über alles diskutieren und erst recht über die wertvollsten und kostbarsten Themen des Lebens."
„Meinen Sie? Haben Sie schon einmal Seele und Geist kennengelernt? Hahaha!"
„Das finde ich gar nicht witzig, Herr G., Seele und Geist sind ja die eigentlichen Lebensspender jedes menschlichen Körpers."
„Komisch, dass ich in einem solchen Körper noch nie so etwas wie eine Seele wahrgenommen habe."
„Sie meinen, in einem toten Körper."
„Ja, ja."
„Das können Sie auch nicht. Denn beim Tod verlässt die Seele den Körper, der dann stirbt und anschließend tot ist. Und nur solche Körper haben Sie bisher offenbar untersucht. Ich vermute, Sie verwechseln Ursache und Wirkung."
„Was wollen Sie denn damit sagen?"
„Nun, die *Ursache* ist die Trennung der lebendig bleibenden Seele vom Körper. Dadurch kommt es zum Tod dieses Menschen als *Wirkung*."
„Ach, reden Sie doch kein dummes Zeug."
„Okay, aber dann überzeugen Sie mich vom Gegenteil."
„Kann man denn so einen überhaupt überzeugen?", richtete G. nun eine ironische Frage an den Moderator. Der zuckte mit den Schultern und antwortete ebenso spöttisch:

„Es gibt nun mal so hartleibige Menschen, die meinen, sie wüssten was. Aber dann kommt nur heiße Luft heraus."
Er lachte gehässig, und Bodo G. stimmte mit ein.
Der Gesprächsteilnehmer mit gegenteiliger Meinung – ein weithin bekannter Theologe – ließ sich jedoch nicht provozieren und konterte unverzagt:
„Ich denke, mit hämischen Bemerkungen kommen wir nicht weiter, Herr G. Sie sollten Argumente bringen, aber keine nichtssagenden Ausfälle."
Das saß. Professor G. blickte den Diskussionspartner nicht mehr spöttisch, sondern eher grimmig an und erwiderte mit kaum verhaltenem Ärger:
„Also, bisher habe ich noch in keiner Leiche Geist oder Seele gesehen und erst recht keinen Gott."

Nun ließ sich auch der andere Diskussionsteilnehmer mit gegenteiliger Ansicht, ein bedeutender Journalist, hören:
„Herr Professor G., soweit ich mich der vielen Berichte über Sie erinnere, tischen Sie immer wieder diese Begründung auf. Sie wurde auch schon wie oft widerlegt."
„Wie denn?"
„Ganz einfach: Erstens sind Seele und Geist unsichtbar, und zweitens befinden sich in einem toten Körper ohnehin weder Seele noch Geist. Sonst würde dieser Mensch ja auch noch leben. Sie sollten sich mal eine neuere Argumentation überlegen, aber vor allem eine bessere."

Nun mischte sich auch der weitere Teilnehmer mit gleicher Ansicht wie der Pathologe ein, um seinem Kollegen beizustehen:

„Wo soll denn ein lebender Mensch Seele und Geist haben. Ich habe so etwas noch bei keinem gefunden."
„Wahrscheinlich, weil Sie noch keinen Lebendigen geöffnet haben."
Der Angesprochene wurde puterrot und erwiderte wütend:
„Ich bin immerhin Chirurg und habe schon manche Operation hinter mir."
„Haben Sie denn auch schon am Herzen oder am Gehirn operiert?"
„Nein, aber im Magen-Darmbereich usw."

Die beiden Gegenredner hatten Mühe, ernst zu bleiben. Und der Pathologe sah den Chirurgen zuerst mitleidig und dann ausgesprochen wütend an. Es war klar, dass er auf den Kommentar seines Mitmediziners gern verzichtet hätte.
Der Theologe aber versuchte, diese peinliche Situation begütigend zu überspielen:
„Meine Herren, fast tut es mir ein bisschen leid, dass Ihnen die Argumente ausgehen, aber ... "
„Diese freundliche Tour können Sie sich sparen", fiel der Pathologe ihm ärgerlich ins Wort. „Uns und vor allem mir gehen auf keinen Fall die Argumente aus. Wenn Sie die Hinweise auf fehlende Seelen- und Geistesnachweise nicht akzeptieren wollen, dann kommen wir eben auf den Kern der Fragestellung, nämlich auf ***Gott*** zu sprechen. Einen solchen habe ich erst recht noch nie kennengelernt."
Darauf der Journalist:
„Haben Sie sich denn je darum bemüht?"
Dem Pathologen verschlug es zunächst die Sprache. Doch dann raffte er sich zu einer dünnen Antwort auf:

„Warum soll ich mich denn um ein ausgesprochenes Phantom bemühen, also um etwas, das es mit Sicherheit nicht gibt?"

„Woher wollen Sie denn dann mit solcher Bestimmtheit wissen, dass es ***Gott*** nicht gibt? Ein naturwissenschaftlich tätiger Forscher darf nichts unversucht lassen, um jeder Fragestellung gewissenhaft nachzugehen, selbst wenn er sie für unsinnig hält. Es ist ja gerade bezeichnend, dass im Laufe der Jahrhunderte Forscher meistens auf Phänomene in der Wissenschaft gestoßen sind, die sie vorher nicht für möglich gehalten haben."

„Wie meinen Sie das konkret?"

„Ganz einfach: Ohne diesen Forscherdrang wäre beispielsweise die Medizin nie so weit entwickelt worden, wie sie es heute ist. Aber auch allgemeine Gebiete der Naturwissenschaft oder der Technik wären nicht auf dem heutigen Stand."

„Was hat denn ausgerechnet ***Gott*** mit Naturwissenschaft oder Technik zu tun?"

„Das sind nur Beispiele."

„Wenn es ***Gott*** tatsächlich geben sollte, wohlgemerkt: geben sollte, dann wäre das nur ein Phänomen von Theologie oder allenfalls vielleicht der Philosophie."

„Und wenn schon, warum haben Sie dann auf diesem Gebiet nicht mal nachgeforscht? Ich habe immerhin herausgefunden, dass Sie doch auch Philosophie studiert haben."

„Deshalb muss ich doch noch lange nicht allen theoretischen Fragestellungen nachgehen."

„Das ist aber schade. Einfach nur zu behaupten, es gäbe nur solche Phänomene, die Ihnen passen und in Ihr Denkmuster

passen, ist für einen Wissenschaftler eindeutig zu dürftig."
„Ich verbitte mir solche Beurteilungen."

Dem Moderator passte dieser Diskussionsverlauf überhaupt nicht. Irgendwie merkte er, dass die beiden Gegenredner des gefeierten Pathologen diesen ganz schön hatten auflaufen lassen. Er hielt es deshalb für angebracht, dem bedrängten Anatomieprofessor mit irgendeiner Bemerkung beizuspringen:
„Aber meine Herren, Professor G. ist doch auf zwei verschiedenen Wissenschaftsgebieten tätig. Er hat eben nicht die Zeit, sich auch noch mit jeder Nebensächlichkeit zu befassen."
Darauf setzte der Journalist nach:
„Das nennen Sie eine Nebensächlichkeit? Sind Sie denn noch auf der Höhe der Zeit? Was Milliarden von Menschen unterschiedlichster religiöser Ausrichtung für einen Kernpunkt ihres Lebens ansehen, das nennen Sie eine Nebensächlichkeit?"
„Was unbedarfte Menschen für wichtig halten, muss ja deshalb noch lange nicht bedeutend sein."
„Viele unter diesen Menschen sind aber bedeutende Gelehrte, die ernsthafte Forschungsvorhaben durchgeführt haben. Und nur Sie, der Pathologe und der Chirurg sind die einzigen wirklich klugen Leute? Leiden Sie denn unter maßloser Selbstüberschätzung?"
„Also, das muss ich mir in aller Entschiedenheit verbitten. Schließlich bin ich hier der Moderator."
„Das ist mir nicht verborgen geblieben", entgegnete der Journalist. „Doch gehört es zu den wichtigsten Aufgaben

eines Moderators, eine Diskussion ausgewogen, neutral und unvoreingenommen zu leiten."
„Und, was werfen Sie mir denn vor?"
„Dass Sie mit Ihren zum Teil höchst abfälligen Bemerkungen alles andere als neutral vorgehen und verfahren."
Der Leiter der Podiumsrunde geriet in Verlegenheit und war dankbar, als sich nun der Theologe zu Wort meldete:
„Es geht doch hier letzten Endes um die Frage: Gibt es ***Gott*** oder nicht? Hier sollten wir ernsthafte Argumente vorstellen, die einerseits die Existenz Gottes begründen oder widerlegen."
„Na, Sie Superintellektueller, dann legen Sie doch mal los", ließ sich darauf der Pathologe wieder hören. Der Moderator nickte ihm sogar dankbar zu, dass der Mediziner ihm aus der Verlegenheit half.
Darauf der Theologe:
„Ich denke, es dürfte zunächst einmal auch ohne Polemik gehen. – Nun also zu Ihrem Ansinnen: Eines der Hauptargumente für die Existenz eines höheren Wesens ist doch zunächst einmal die Tatsache, dass es das Universum mit all seinen Bestandteilen im Großen wie im Kleinen gibt. Von selbst entsteht nichts. Denn wenn irgendetwas von selbst entstünde, dann müsste das ja auch heute noch so sein. Aber nichts entsteht von selbst. *Alles* hat für sein Entstehen einen realen Grund. – Herr G., jetzt möchten Sie doch am liebsten den sogenannten Urknall als Ursache bringen, wie Sie es ja in manchen Talkshows schon getan haben. Aber das können wir uns schenken. Denn auch so ein Phänomen, sofern es so etwas gibt, muss ja auch einen Verursacher haben."
„Haben Sie denn noch weitere sogenannte Gottesbeweise?",

unterbrach Bodo G. den weiteren Redefluss des Theologen.
„Ja, es gibt noch viele weitere Beweise wie etwa das Streben eines Menschen nach einem göttlichen Wesen, die auch heute noch gültigen Grundgebote für das menschliche Zusammenleben, um nur einige Argumente zu nennen."
„Schon gut."
„Nein, es ist noch lange nicht gut. Vielmehr müssten Sie jetzt *Ihre* Begründungen vorlegen, wonach es ***Gott*** nicht gibt oder nicht geben kann."
„Das habe ich ja schon oft geäußert."
„Was denn?"
„Nun ja, das mit Seele und Geist."
„Aber, Herr G. Das ist ein uralter Hut. Damit können Sie doch nicht schon wieder kommen. Fällt Ihnen nicht mal etwas wirklich Neues ein? Ich habe immerhin einige positive Argumente für die Existenz Gottes vorgetragen. Sie haben aber noch keine einzige echte und triftige *Gegenbegründung* formuliert."
„Vielleicht entwickle ich eine solche noch."
„Hört, hört", schaltete sich nun der Journalist wieder ein. „Darauf wollen wir dann gespannt sein. Wann kommt die denn?"
„Ihre polemische Frage können Sie sich sparen."
„Das war keine Polemik, sondern echtes Interesse. Also was ist jetzt?"
Bodo G. sah sich in die Enge getrieben und stellte ausweichend die Gegenfrage:
„Woher beziehen Sie denn beispielsweise die Inhalte Ihrer Gotteslehre?"

„Kernpunkte ergeben sich aus der Bibel“, antwortete der Theologe.
„Also mit Christus und so.“
„Oh, das wissen Sie?“
„Ja, das ist doch ausgesprochener Unsinn. Diesen Menschen hat es nie gegeben.“
„Doch, den hat es tatsächlich gegeben.“
„Das haben irgendwelche raffinierten Schreiber zusammengeschrieben. Das ist doch nichts Authentisches.“
„Aber selbstverständlich beruht das auf Tatsachen. Denn auch römische Geschichtsschreiber, man könnte sie wohl auch Historiker nennen, haben in der Antike schriftlich bekundet, dass Jesus Christus wirklich gelebt hat. Auch über Passagen seines Lebens haben sie berichtet. Und das waren Römer, die mit der christlichen Lehre nichts zu tun hatten.“
„Wie dem auch sei, ich bleibe dabei: Christus hat es nie gegeben, Gott auch nicht. Es ist meine felsenfeste Überzeugung.“
„Das sagen Sie gleichsam, obwohl Sie es eigentlich besser wissen müssten.“
„Unfug! Mir ist das alles völlig egal. Wenn ich jemals an Gott oder diesen Christus glauben oder von ihnen überzeugt sein soll, dann bitte schön, dann sollen sie sich mir zu erkennen geben.“
Der Moderator hielt es auch wegen der fortgeschrittenen Zeit für angebracht, die Podiumsdiskussion allmählich zu beenden. Das tat er vor allem auch, weil ihm der Verlauf der Diskussion am Schluss überhaupt nicht behagt hatte. Hier waren der Pathologe, aber auch er selbst ziemlich in die Enge getrieben worden, und auch der Chirurg hatte eine

klägliche Figur abgegeben. Und das vor Hunderten von Besuchern und Zuschauern.
Vor allem der Pathologe war zutiefst erbost und emotional geladen. Das zeigte er auch, als er das Podium verließ. Er brüllte voller Wut den auf der anderen Bühnenseite das Podium verlassenden Gegenrednern zu:
„Von Ihnen lasse ich mich nicht unterkriegen. Und auch von der gesamten Christenschar nicht. Gott und auch Christus gibt es nicht und wird es auch nie geben. Wenn ich an so eine eigenartige Lehre glauben und von Gott und Christus jemals überzeugt werden sollte oder soll, dann müssen *sie* mich ganz persönlich überzeugen. Aber so etwas wird nie passieren.“
Während der Pathologe dies mit geradezu pathetisch erhobener rechter Hand dem Theologen und dem Journalisten, seinen Gegnern auf der anderen Treppe zuschrie, blickte er auf sie und achtete dabei nicht auf seine eigenen Treppenstufen. Dabei verfehlte er die vorletzte Stufe, stolperte und stürzte nach unten. Hierbei schlug er voller Wucht zunächst auf dieser Stufe auf, rutschte dann ganz nach unten und blieb mit dem Hinterkopf auf der untersten Stufe liegen. Er regte sich nicht mehr. Alle Zuschauer waren zutiefst schockiert und liefen dann in Panik nach vorn.
Die beiden Gegenredner hatten auf den schreienden Professor geblickt und erkannten augenblicklich das furchtbare Geschehen. Sie reagierten sofort:
Der Theologe eilte unverzüglich zu dem Verunglückten, überprüfte – so gut es ging – seine körperliche Verfassung und brachte ihn äußerst vorsichtig und behutsam in eine stabile Seitenlage. So verhinderte er es, dass dem Hinge-

stürzten Erstickungsgefahr drohte, wenn er sich vielleicht übergeben sollte.
In der Zeit hatte der Journalist auf seinem Handy die Notrufnummer 112 gewählt und – unter Angabe der genauen Adresse – Notarzt und Rettungswagen angefordert. Dann rief er den Zuschauern eindringlich zu, sie sollten wieder zu ihren Plätzen zurückgehen und unbedingt den Mittelgang frei halten. Denn die Rettungskräfte würden umgehend eintreffen und dürften unter keinen Umständen behindert werden. Die Angesprochenen hörten auf ihn und nahmen wieder Platz. So war der breite Mittelgang wieder frei begehbar.

Während der Theologe und der Journalist tatkräftig gehandelt hatten, standen die beiden anderen Teilnehmer am Podiumsgespräch ziemlich hilf- und ratlos dabei: Der Chirurg, obwohl selbst auch Arzt, wusste nicht, wie er vielleicht helfen könne. Und der Moderator wollte beschwichtigend mit einem Beruhigungsgespräch einwirken. Der Journalist aber schnitt ihm seine Rede ab:
„Ich denke, jetzt heißt es, Ruhe bewahren und unnötiges Gerede vermeiden. Damit wirkt man nur störend. Außerdem sind die Rettungskräfte unterwegs und treffen bald hier ein. Also leise, bitte."
Tatsächlich dauerte es nur noch wenige Minuten, bis man draußen das Martinshorn hörte. Der Theologe eilte zum Ausgang und öffnete alle Durchgangstüren, um keinerlei Zeit zu verlieren.
Und da kam auch schon der Notarzt mit seinem Arztkoffer, gefolgt von den Rettungskräften mit einer fahrbaren Trage.
Der Notarzt untersuchte den Bewusstlosen, versorgte ihn

notärztlich und legte auch die notwendigen Infusionen. Die Rettungskräfte hoben ihn dann vorsichtig auf die fahrbare Trage und fuhren ihn zum Rettungswagen. Unmittelbar darauf hörte man erneut das Martinshorn. Der verunglückte Pathologe war auf dem schnellsten Weg zum Krankenhaus.

Ein Erlebnis, das alles ändert

Im Rettungskrankenhaus sichteten und sicherten die Ärzte zunächst seinen Akutzustand und ließen dann umgehend Aufnahmen von seinem Kopf erstellen. Danach entschieden sie sich für die individuelle Spezialbehandlung. Der Patient befand sich in tiefer Bewusstlosigkeit. Die Aufnahmen zeigten zwar eine schwere Gehirnerschütterung, aber zum Glück keine Hirnblutung, die notfalls sogar eine Kopföffnung erforderlich gemacht hätte. Um den Gesundungsprozess zu sichern, entschieden sich die Ärzte für eine vorsichtige Verlängerung der Bewusstlosigkeit und versetzten ihn in einen komatösen Zustand.

Über die gesamten Nahtoderlebnisse berichtete später der verunglückte – *und in diesem Buch mit verfremdeter Identität wiedergegebene* – Mediziner erst nach langer Bedenkzeit im Anschluss an eindringliche Bitten, darüber Auskünfte zu geben. Dazu war er schließlich bereit, um vor allem auch anderen Religionszweiflern den Weg zu Gott zu zeigen:

Eben hatte ich noch ziemlich verärgert den beiden Kontrahenten zugerufen, ich ließe mich nicht zu deren Ansichten bringen. Ich war regelrecht emotional bis zum Äußersten geladen. Meiner Sache war ich mir absolut sicher gewesen und wollte natürlich wie auch in vielen anderen Diskussionsrunden glänzen und der „King" sein. Aber der Theologe und eigenartigerweise auch der Journalist hatten so clevere Gegenargumente, aber auch formale Engpässe auf unserer Seite vorgeführt, dass es mir geradezu den Atem verschlug. Und so schnell gebe ich mich natürlich nicht geschlagen. Ich war mir meiner Sache derart unbedingt sicher gewesen, dass unsere Gruppe, also Mediziner und Moderator, vor den vielen Zuschauern glänzen würden. Und dann waren die geradezu unbedarften Äußerungen des Chirurgen der Tiefschlag gewesen. Ich hatte ganz fest angenommen, mein Medizinkollege habe auch schon größere Operationen, etwa am Herzen oder gar am Gehirn, durchgeführt. Und da kam er mit Magen- und Darmbereich. Das mag ja auch schwierig und anspruchsvoll sein. Aber uns brachte es bei der Fragestellung nach Seele, Geist, Jenseits und Gott überhaupt nicht weiter. Und dann brachte mich die salbungsvolle Rede des Theologen endgültig aus dem Konzept. Er redete sogar davon, dass unserer Seite, also letzten Endes mir, die Argumente auszugehen drohten. Ich hätte platzen können. Dabei ahnte und spürte ich, dass der Theologe und sein Partner, der Journalist, vor der überwältigenden Mehrheit der Zuhörer in bestem Licht dastanden. Und wir, der Chirurg, gleichsam ein medizinischer „Leichtmatrose", und ich, standen als die Mittelmäßigen, um nicht zu sagen: als die Deppen, da. Ausgerechnet ich, der Professor für Anatomie *und zugleich Philosophiedozent. Der Moderator hatte mit seiner Diskussionsführung auch nicht viel bewirkt. Er stand natürlich auf unserer oder besser: auf meiner Seite. Aber die ausgebufften und cleveren Kontrahenten hatten alles so zerpflückt und widerlegt, dass an uns kaum ein gutes Haar übrig blieb.*

Der Moderator schien uns dann gnädig sein zu wollen und beendete fast scheinheilig die Podiumsdiskussion, in der er sich auch nicht gerade mit Ruhm bekleckert hatte. Das also war die Podiumsdiskussion vor einem „vollen Haus“ gewesen, in der wir leider ziemlich jämmerliche Figuren abgegeben hatten. Es stand für mich fest: In derartiger Weise würde ich mich nie mehr vorführen lassen.
So war es nicht verwunderlich, dass ich beim Verlassen des Podiums die beiden Gegenredner wütend attackierte. Ich war innerlich so aufgewühlt, dass ich vor lauter Wut und wüsten Beschimpfungen gar nicht mehr darauf achtete, wohin ich trat, und muss dann wohl ein paar Treppenstufen übersehen haben. Jedenfalls merkte ich, wie ich stolperte und hinstürzte. Ich spürte gerade noch, wie ich mit dem Hinterkopf auf eine Stufe aufschlug, und zwar recht heftig. Dann wurde es schwarz um mich. An mehr kann ich mich zunächst nicht erinnern, denn ich war bewusstlos. Wie lang dieser Zustand ursprünglich gedauert hatte, konnte man später nur vermuten, aber nicht genau nachvollziehen. Dann – wie mir viele Tage danach gesagt wurde – hatte man mich aus Gesundheitsgründen ins Koma versetzt, sodass ich bewusstlos blieb. Auch konnte ich direkt nicht mitbekommen, was man mit mir anstellte. Diese fehlende unmittelbare Verbindung zur Außenwelt um mich herum hinderte mich aber nicht daran, innerlich äußerst umfangreich Erlebnisse wahrzunehmen. Irgendwann sah ich wie von ganz weit her ein Pünktchen ganz schwaches Licht. Dieses kaum richtig erkennbare Licht nahm dann ein wenig zu, und ich erkannte nach langer Zeit so etwas Ähnliches wie eine Art nur ganz schwach beleuchtete Röhre. Ich fühlte mich auf

einmal ganz leicht, als würde ich schweben. Bald darauf spürte ich sogar deutlich, wie ich auf diese Röhre zu- und auch durch sie hindurchschwebte. Und dann merkte ich schließlich, dass diese vermeintliche Röhre eigentlich ein ganz langer Tunnel war. An seinem jenseitigen Ende sah ich auch ein nur ziemlich schwaches Licht. Die geringe Helligkeit auf der anderen Tunnelseite lag wohl nur an der Länge dieses Tunnels. Denn dieses jenseitige Licht wurde immer heller, je weiter ich durch den Tunnel hindurchschwebte.
Irgendwann nahm die Helligkeit aber eigenartigerweise nicht mehr zu, sondern allmählich ab. Ich hatte bald den Eindruck, als befände ich mich nun in einem spätherbstlichen Nebel, durch den das ursprünglich so helle Licht kaum noch durchzudringen vermochte.
Aber was war das auf einmal? In diesem gedämpften Licht lief plötzlich mein Lebenslauf ab. Ich sah mich als kleines Kind, auf das die Eltern unglaublich stolz waren. Ich war und blieb ja ein Einzelkind und wurde besonders von meinem Vater sehr verhätschelt und verwöhnt. Meine Mutter hielt das für nicht so gut und versuchte, mich etwas strenger zu erziehen. Auch tat sie alles, um mir eine religiöse Erziehung zu sichern. Aber in alle ihre Erziehungsversuche, mich zu einem religiösen Menschen werden zu lassen, funkte dauernd mein übermächtiger Vater hinein, der von Gott und Religion gar nichts hielt, weil er sich nur aufs Geldverdienen konzentrierte. Dabei verfuhr er nicht immer moralisch und menschlich anständig. Eine volle Kasse war für ihn oberstes Prinzip. Wenn seine Kunden dabei hereingelegt wurden, sah er darin nur deren Problem. Warum ließen sich so viele Deppen denn auch über den Tisch ziehen?

Meiner Mutter passte das alles nicht. Sie widersprach meinem Vater auch zunächst. Aber bald merkte sie, dass sie sowieso nichts zu melden hatte, und stumpfte mit der Zeit ab. Meine Mutter imponierte mir, aber mein Vater war eben der Boss, und er brachte das Geld, mit dem wir in einer eleganten Villa sehr gut leben konnten. Das waren nun mal meine Kindheits- und Jugendeindrücke:
Mein Vater bestimmte alles und war wirtschaftlich ständig obenauf. Meine Mutter war ein gütiger und liebevoller Mensch, hatte aber nichts zu sagen und musste sich fügen. Ich selbst wurde nicht getauft. Meine Mutter versuchte zwar, mich christlich zu erziehen. Doch überwog der väterliche Einfluss, und ich selbst gewann bald den Eindruck: Wenn man erfolgreich sein und Geld verdienen will, darf man keine Rücksicht nehmen und muss sich von christlichen Denkmustern fernhalten: Rücksicht auf andere zu nehmen, wie die christliche Lehre es verlangt, ist falsch, denn das bringt keinen Erfolg und finanziellen Vorteil. Mehr und mehr ließ ich mich von den radikalen Vorstellungen meines Vaters leiten und geriet ins Fahrwasser von Profitgier und Selbstsucht. So entwickelte ich mich auch als Schüler: Um in der Schule selbst Vorteile zu haben, musste ich mich auf Kosten anderer Schüler profilieren und sie notfalls „in die Pfanne hauen". Die dadurch erzielten Erfolge und guten Noten honorierte mein Vater in jeder nur erdenklichen Weise, auch wenn das meiner Mutter gar nicht gefiel.
So entwickelte sich in mir immer mehr das Bewusstsein: Selbst ist der Mensch, selbst bin ich und nur ich. Ich bin der Mittelpunkt meines gesamten Weltbildes. Und nach

mir kommt so bald gar nichts und vor allem nichts, was mir schädlich werden könnte.
Diese Einstellung behielt ich auch als Medizinstudent bei. Mein Vater ermöglichte mir auch zwei Auslandsstudien, damit ich später mit einer internationalen universitären Ausbildung glänzen könne:

„Damit hast du einen enormen Startvorteil vor lästigen Konkurrenten. Wenn du an weltberühmten Universitäten Medizin studiert hast, bist du anderen Medizinern weit überlegen, die nur in heimatlicher Nähe ‚herumgelernt' haben", pflegte er sich abfällig auszudrücken. Und ich pflichtete ihm sehr gern bei.
Irgendwie hatte er ja auch recht, wie sich später nach meinen Studienabschlüssen herausstellte:
Ich wurde immer wieder bevorzugt und erhielt die besseren Anschlussmöglichkeiten. Das galt nicht nur für die Promotion und den „Durchlauf" als medizinischer Anfänger in der Praxis. Es half auch für das baldmöglich danach angeschlossene Habilitationsverfahren, wodurch ich die Zugangsberechtigung als Uni-Dozent erhielt. Mein Vater war stolz auf seinen einzigartigen Sohn und äußerte immer wieder die offensichtliche Richtigkeit seines Erziehungsstils.
Und in mir festigten sich dadurch die zwei Prinzipien:
Mit einer gehörigen Portion Rücksichtslosigkeit kommt man weiter und zum Erfolg, und ich bin der „Mittelpunkt" allen Geschehens, also der Welt.
Der Ablauf meines weiteren Lebenslaufs zeigte mir auch das nebenbei erfolgte Philosophiestudium als eine Art Ausgleich zur Medizin. Auch dort hatte ich nach meiner in-

zwischen „bewährten Methode“ Erfolg. Es ging eben alles nur bergauf.
Und in vergleichbar jungen Jahren brachte ich es zum Erfolg in der Philosophie und dann erst recht in der Medizin: Ich wurde Professor für Anatomie oder, wie ich es selbstbewusst ausdrückte, Professor für Pathologie der Anatomie, um an mein großes Idol Rudolf Virchow anzuknüpfen.
Schließlich zeigte mir mein restlicher Lebenslauf die vielen Auftritte in Diskussionsrunden, Talkshows und anderen Fernsehrunden, in denen ich glänzte und viele der Diskussionsgegner gleichsam herunterputzte.

Ob mir das gefiel? Bei der Beobachtung dieses Ablaufs meines Lebens hatte ich nun doch ein gemischtes Gefühl. Zum Schluss sah ich die verhängnisvolle Podiumsdiskussion, bei der ich während meiner wütenden Zurufe an die Gegenredner die Treppenstufen übersah, stolperte und hinstürzte. Und dann sah ich nach einiger Zeit irgendwie aber noch etwas:
Meine Kontrahenten kümmerten sich tatsächlich als Erste um mich. Der gegnerische Theologe leistete Erste Hilfe, und der Journalist alarmierte Notarzt und Rettungswagen. Dann forderte er die herumlaufenden Zuschauer auf, sich auf ihre Plätze zu begeben und den Mittelgang für die Rettungskräfte frei zu halten. Der Moderator und der Chirurg dagegen verhielten sich ratlos und unschlüssig.
Das hätte ich nicht für möglich gehalten: Meine Diskussionsgegner hatten mich letzten Endes gerettet.
Den Schluss bildete der Übergang in die Rettungsfahrt zum Krankenhaus.

Nun war ich doppelt überrascht:
Nicht nur, dass mich meine Gegenredner gerettet hatten, während mein medizinischer Kollege und der Moderator nichts zur Rettung beigetragen hatten. Sondern noch viel mehr, dass ich Geschehnisse erkennen konnte, die ich durch meine Bewusstlosigkeit eigentlich nicht mehr erlebt hatte. Ich konnte mir das nicht so recht erklären, denn mein Bewusstsein musste infolge des Sturzes ja bereits ausgeschaltet sein.

Doch dann dachte ich über meinen Lebenslauf nach: Das war also mein Leben gewesen. Jetzt ging es wohl zu Ende. Während ich darüber nachgrübelte, wurde es immer dunkler. Zuerst nahm ich so eine Art herbstlichen Nebel wahr, als ob ich durch einen immer dichter werdenden Novembernebel ginge. Dann aber folgte Finsternis, eine undurchdringliche Dunkelheit. Ich sah nichts, hörte auch nichts. Alles um mich herum war dunkel und still. So etwas hatte ich in meinem ganzen Leben noch nie erlebt. Im normalen menschlichen Alltag bekommt man eine Unmenge an Eindrücken mit, die einen eigentlich gar nicht interessieren. Da gibt es Licht unterschiedlichster Helligkeitsgrade und musikalischen Wohlklang bis hin zu störenden Geräuschen, ohne dass man alles das bewusst wahrnähme. Hier aber, in dieser absoluten Dunkelheit und Stille, vermisste ich alle diese Seh- und Höreindrücke. Um mich herum gab es nichts, aber auch rein gar nichts. Oh, wenn ich doch nur schlafen könnte. Aber auch das war mir nicht möglich. Denn dazu braucht man den Körper. Hier hatte ich aber keinen. Also gab es auch keine Möglichkeit für einen erquickenden Schlaf. Mehr und mehr erfasste mich eine immer größer werdende Panik. Ich wollte schließlich drauflosschreien. Aber auch das gelang genauso wenig wie zu schlafen. Denn dazu braucht man seinen Körper. Im normalen Leben kann sich kein Mensch vorstellen, es in einer solchen restlosen Stille und Dunkelheit lange auszuhalten. Mir blieb jedoch nichts anderes übrig, als mich zu fügen. Das Einzige, was ich konnte, war über mein Leben nachzudenken:

Wie war mein Leben gewesen? War es gut oder nicht so gut gewesen? Was war gut? Und was war nicht so optimal gewesen?

Dass ich schnell und diszipliniert studiert hatte, war sicher positiv. Aber ich hatte manchmal auch Kommilitonen, also Mitstudenten, nicht gerade menschlich behandelt. Ich hatte mich häufig auf deren Kosten profiliert. Aber sind sie nicht selbst schuld, wenn sie sich eben tölpelhaft verhalten und sich irgendwie zu ihrem Nachteil benutzen lassen? Hier war ich mir meiner Sache nicht mehr ganz sicher.

Auch dass ich ein weiteres, völlig anders gelagertes Studium absolviert hatte und auch darin promoviert wurde, war doch ebenfalls nur lobenswert gewesen, oder? Schließlich war ich auch auf diesem nicht medizinischen Gebiet bald darauf Dozent geworden. Während andere sich einen schönen Tag gemacht hatten, war ich doch tüchtig und emsig gewesen. Und schließlich war ich noch in relativ jungen Jahren bereits Medizinprofessor geworden und hatte auf einem nicht gerade einfachen Gebiet geforscht und gelehrt. Aber was hatte ich gelehrt? Und wie waren meine Lehr-

veranstaltungen abgelaufen? Vielleicht hätte man manches oder vielleicht vieles anders gestalten können.

Und dann war ich ja auch ein viel gefragter Diskussionsteilnehmer für viele Gesprächsrunden und Talkshows geworden. Wie war ich denn mit den anderen Gesprächspartnern umgegangen? Na ja, wenn sie sich meinen Diskussionsstil gefallen ließen, dann waren sie doch selbst schuld gewesen.

Wie war denn meine Einstellung zu anderen Menschen gewesen? Da fühlte ich allmählich eine mehr und mehr zunehmende Beklemmung. War es immer gut zu denken: Nimm dir, was du ergattern kannst. Rücksicht auf andere ist oft eigene Schwäche. Meine Person und mein eigener Nutzen sind mir wichtiger als die Existenz anderer Menschen. Ist eine solche Sehweise gut? Darf man gleichsam über Leichen gehen, wenn es dem eigenen Wohl nützlich ist?

So grübelte ich wahrscheinlich sehr lange vor mich hin. Ich kam zu dem Resultat, dass mein Leben bisher sehr erfolgreich verlaufen war, dass ich aber auch vielen Menschen übel mitgespielt hatte. Meine ursprüngliche Einstellung, ein Star zu sein und alles besser zu wissen und zu können, kam mir nicht mehr so grandios vor.
Mein eigenes, so mühsam aufgebautes und entwickeltes Denkmal hatte vor meinem Selbsturteil allmählich sogenannte Risse bekommen.
Aber was sollte ich denn nun tun, in dieser undurchdringlichen Finsternis und absoluten Stille? Nur warten und

sonst nichts? Eine solche schreckliche Einsamkeit hatte ich noch nie erlebt. Und dabei stand ich immer gern im Mittelpunkt jeglichen Geschehens. Alles um mich herum orientierte sich an mir und meinen Wünschen und Aussagen. Und jetzt? Ich hatte Angst, wahnsinnig zu werden. Deshalb prüfte ich mich mit meinem Denken und kam zu dem Ergebnis, dass ich doch klar denken konnte. Also war ich zweifellos bei klarem Verstand. Aber was war mit mir los? War ich nun tot oder lebte ich noch? Aber wenn ich tot war, gab es mich doch gar nicht mehr. So war meine Überzeugung. Aber irgendwie konnte ich noch denken. Folglich lebte ich. Also musste auch mein Körper noch existieren. Wo war der denn? Das alles kam mir sehr eigenartig vor:

Entweder ich lebte, und dann war nach meiner festen Ansicht auch mein Körper noch lebendig. Also musste ich auch noch über ihn verfügen. Folglich musste ich auch schlafen und damit dieser Finsternis wenigstens zeitweise entgehen können. Aber ich hatte ja schon längst gemerkt, dass ich nicht mehr Herr über meinen Körper war. Wie kam es denn dann, dass ich über meine geistigen Fähigkeiten verfügen konnte, ohne offenbar mit meinem Leib in Verbindung zu stehen?

Ich stellte also mehr und mehr fest, dass der Geist auch ohne die zwingende Verbindung mit dem Körper sehr wohl existieren konnte. Ich merkte es ja an mir selbst. War das denn wirklich möglich, dass der Geist auch ohne zwingende Verbindung mit dem Körper existierte? Also dass der Geist sich auch vom Leib trennen konnte, ohne mit dem Körper zusammen zu sterben. Für mich gab es insgesamt drei Möglichkeiten:

Entweder war mein Leib tot. Für diesen Fall musste dann aber auch mein Geist tot sein. Aber wie ich feststellte, existierte er sehr wohl weiter. Vielleicht lebte mein Leib ja auch noch, war aber sicher nicht mehr voll funktionsfähig.
Oder mein Körper lebte noch. Und dann musste ja auch der Geist in Verbindung mit dem Leib stehen. Aber auch mit dieser Variante kam ich nicht weiter. Denn ich merkte, dass mein Geist sehr wohl von meinem Körper völlig unabhängig war. Also gab es doch die Möglichkeit, dass Leib und Geist getrennt voneinander bestehen konnten.
Schließlich gab es aber auch noch die dritte Möglichkeit, dass mein Körper sehr wohl lebte, jedoch nach meiner Erfahrung und Einschätzung bewusstlos war. Also musste auch mein Geist, ebenso die Seele, bewusstlos sein. Aber Geist und Seele waren sehr wohl bei voller Denkklarheit.

Das widersprach ja total meiner bisherigen absoluten Überzeugung. Also lebte der Geist auch vom Körper getrennt weiter, ganz gleich, ob der Leib nun tot war, irgendwo anders existierte oder eben bewusstlos war. Wenn der Geist aber auch ohne Körper weiterleben oder von ihm getrennt existieren konnte, dann musste das zwingend auch für die Seele gelten. Meine bisher felsenfeste Einstellung, wonach Geist und Seele beim körperlichen Tod auch aufhören, weiter zu bestehen, geriet allmählich ins Wanken.
Aber da gab es ja noch einen viel weiter ührenden Gedanken: Wenn nämlich Seele und Geist auch über den Tod hinaus weiter bestehen sollten, dann – ja was war denn dann? Ich musste diesen Gedanken als konsequenter Denker weiterverfolgen. Wenn Geist und Seele auch über den Tod hinaus

weiterbestehen, dann muss es ja auch zwingend eine bestimmte Art und Weise für die Weiterexistenz von Geist und Seele geben. Zu diesem zwingenden logischen Schluss kam ich schließlich, obwohl mir das überhaupt nicht behagte.
Wenn das nämlich stimmte, dann musste es ja folglich auch so etwas wie eine andere Existenzart geben. Sollte das denn so etwas Ähnliches sein – wie, ja wie eine Art von Jenseits?
Und sollten meine Kritiker oder Gegner tatsächlich recht haben? Das war für mich einfach nicht auszudenken. Ich, der gefeierte, zuweilen auch gefürchtete Pathologie- bzw. Anatomieprofessor, sollte etwa im Irrtum sein?
Meine Stimmung geriet auf den Nullpunkt. Nicht nur wegen der furchtbaren Dunkelheit und unerträglichen Stille, sondern auch auf Grund meiner Gedanken, durch die mein bisheriges Weltbild gehörig ins Wanken geriet.

Gespräch mit der Lichtgestalt an der Todesschwelle

Wie ich mich nun in dumpfster Stimmung befand, war es mir, als sähe ich ganz weit weg einen ganz dünnen und schwachen Schimmer. Die Stille herrschte auch jetzt noch vor. Aber da nahm ich doch so etwas wie ein ganz dünnes Licht, ein winziges Pünktchen wahr. Es schien sich kaum zu vergrößern. Aber in mir keimte so etwas wie Hoffnung und Freude auf. Endlich würde diese grässliche Finsternis zu Ende gehen. Hoffentlich!

Ich richtete meine gesamte Aufmerksamkeit auf diesen fast unscheinbaren Schimmer und hoffte inständig, er werde sich bald vergrößern und auf mich zukommen. Aber noch blieb es bei diesem schwachen Pünktchen von Helligkeit. Wie würde es dann aber weitergehen, wenn dieses Pünktchen mehr und mehr in Helligkeit überginge?
Indem ich über dieses zunächst fast unscheinbare Licht noch nachdachte, nahm es ganz allmählich zu und entwickelte sich zu einem kleinen punktuellen Licht, das aber beständig an Größe zunahm. Tatsächlich, es wurde immer heller. Und was war das denn im Mittelpunkt dieser Lichtfülle, zu der sich der Lichtpunkt inzwischen entwickelt hatte?
Ich schaute ganz genau hin. War das nicht irgend so etwas wie eine Figur?

Ja, ich sah sie jetzt. Im Zentrum dieses Lichtes erkannte ich eine von Licht umgebene Gestalt. Diese Lichtgestalt kam ja gerade auf mich zu. Das helle Licht nahm zu und umstrahlte diese Gestalt rundum. Mir gegenüber strahlte alles vor lauter Helligkeit, wie ich sie in meinem irdischen Leben noch nie wahrgenommen hatte. Dieses helle und strahlende Licht hatte eine Leuchtkraft, die nach meinem Eindruck auch mit den besten Leuchtkörpern und Beleuchtungsmöglichkeiten auf der Erde nicht hervorzubringen war. Und dieses überaus helle Licht blendete mich nicht. Normalerweise würde eine solche Fülle an Licht jeden Menschen blenden, sodass man in diese strahlende Helligkeit nicht würde hineinschauen können. Ich aber konnte problemlos in dieses Licht hineinschauen und nun auch die lebensgroße Lichtgestalt erkennen. Das helle Licht ging von ihr aus und gleichzeitig umstrahlte es diese Gestalt. Ich erschrak zutiefst, wollte aber auch nicht, dass sie mich wieder verließ und ich der schrecklichen Finsternis erneut ausgeliefert wäre. Als ich nun erschrocken und unschlüssig war, hörte ich, wie sie mich ansprach, dabei aber den Mund nicht bewegte:

„Erschrecken Sie nicht. Ich möchte mich mit Ihnen unterhalten und Sie auf ganz wichtige Inhalte in Ihrem bisherigen und künftigen Leben hinweisen."
Nun fasste ich Mut und sprach die mit lauter Licht umgebene Gestalt an:
„Was möchten Sie denn mit mir besprechen?"
„Es geht um Ihr Leben in der Vergangenheit und in der Zukunft."
„Was wollen Sie mir denn zu meinem Leben sagen?"
„Vielleicht ist es gut, dass Sie Ihr Leben selbst beurteilen."
„Ja, was soll ich denn da beurteilen und bewerten?"
„Fangen wir doch damit an, dass Sie sich sehr oft auf Kosten und zu Lasten von Mitschülern und Mitstudenten profiliert haben."
„Aber wenn die doch so einfältig waren und sich benutzen ließen."
„Ist das vor Ihren Augen gut? Denken Sie doch daran, wie Sie behandelt werden wollten, und ob es Ihnen recht wäre, wenn andere Menschen Ihnen Übles antun."
„Das hätte ich mir nicht gefallen lassen."
„Aber andere sollten und sollen es sich gefallen lassen, oder?"

„So ist das nun mal: Entweder setzt der eine sich durch, oder andere setzen sich zu meinem Schaden durch."
„Wenn das nun alle Menschen so halten würden, käme es dann nicht irgendwann zu schrecklichen Auseinandersetzungen bis hin zu Mord und Totschlag?"
„Na ja, so weit könnte es natürlich kommen."
„Oder sogar zu Krieg mit Massentötungen?"

Ich muss gestehen, dieses Gespräch mit der Lichtgestalt wurde mir mehr und mehr sehr unangenehm. Wer war diese sicher überirdische Persönlichkeit überhaupt? Aber indem ich sie als **überirdisches** *Wesen empfand, widersprach ich mir im selben Augenblick. Denn nach meiner festen Überzeugung gab es doch nichts Überirdisches. Ich kam mir allmählich vor, als lebte ich in zwei verschiedenen Welten. Aber wohlgemerkt: Das war keine Schizophrenie, also gespaltene Persönlichkeit, sondern unbedingte Realität. Denn ich dachte in ganz irdischen und realen Zusammenhängen. Dabei nahm ich den Dialogpartner ebenso realistisch wahr. Aber er konnte in seiner Erscheinungsweise nicht von dieser Erde stammen. Denn vergleichsweise gab es keinerlei mir auf Erden bekannte Personen oder ähnliche Phänomene.*

Um aus diesem Dilemma herauszukommen, musste ich ganz einfach wissen, wer mein Gesprächspartner war und was er wollte. Deshalb fragte ich ihn:
„Ich hätte mal gern gewusst, mit wem ich spreche. Wer sind Sie eigentlich?"
„Diese Frage habe ich erwartet und beantworte sie gern.

Ich bin schon seit Ihrer Geburt Ihr lebenslanger Begleiter."
„Wie kann ich mir denn so eine Begleitpersönlichkeit vorstellen?"
„Ich bin Ihr Schutzgeist."
„Also begleiten Sie und beschützen mich schon, solange ich lebe."
„Das stimmt."
„Wie muss ich mir denn so etwas vorstellen?"
„Es hat schon oft Situationen gegeben, da wollten Ihre von Ihnen enttäuschten Mitschüler und Kommilitonen Ihnen schaden. Das ging hin bis zu lebensgefährlichen Tätlichkeiten."
„Ja, manchmal habe ich derart tobsüchtige Ausfälle mitbekommen, aber sie nicht für Ernst genommen. War es wirklich so schlimm?"
„Lebensgefährliche Angriffe konnte ich verhindern und in gefahrlosere Bahnen lenken."
„Dann muss ich Ihnen ja dankbar sein."
„Das ist nicht nötig. Ich erfülle nur meine Pflicht."
„Wer hat Ihnen denn diesen Auftrag erteilt?"
„Das höchste Wesen. Es will jeden Menschen schützen. Es möchte aber auch, dass jeder Mensch nicht nur an sich denkt, sondern auch an seine Mitmenschen. Denn keinem Menschen soll Schlimmes geschehen. Das verlangt aber auch, dass jeder Mensch ebenso auf andere Rücksicht nimmt."
„Sie sprechen vom sogenannten höchsten Wesen. Wer ist das denn?"
„Das ist Gott, unser Vater, der alle Menschen und alle Geschöpfe liebt und der wünscht, dass niemand zu Schaden kommt."

Ich schaute meinen hell erstrahlenden Gesprächspartner ganz intensiv an. Er blickte auch mich an – ruhig und geradezu liebevoll. Ich hielt es nicht für möglich. Wie konnte es denn so etwas geben? Ich musste ganz einfach wissen, ob dieser Schutzgeist eine irdische Erscheinung sein konnte oder ein außerirdisches Phänomen war. Deshalb fragte ich:

„Sie erstrahlen ja in hellem Licht. Wenn Sie mich auf Erden begleiten, kann man von diesem Licht aber nichts merken. Sind Sie eine Person von dieser Welt?"

„Das bin ich nicht. Ich begleite Sie zwar im irdischen Leben. Zugleich gehöre ich aber auch zur jenseitigen Welt. Mich begleitet jetzt dieses helle Licht, um in der Finsternis zu leuchten."

„Gibt es denn so etwas überhaupt – eine jenseitige Welt?"

„Aber selbstverständlich gibt es ***die jenseitige Welt****."*

„Wie muss ich mir dieses Jenseits denn vorstellen?"

„Es ist das gesamte Leben und die Existenz aller Geistwesen, auch der menschlichen, beim höchsten Wesen, also bei Gott, in einer unendlichen Glücksgemeinschaft."

„Gehören denn auch verstorbene Menschen dazu, die im irdischen Leben Verbrecher, Mörder und sonstige schwere Übeltäter waren?"

„Wenn sie sich zu Lebzeiten nicht geändert und zu Gott bekehrt haben, existieren sie nicht in der Gemeinschaft der Glückseligen. Denn dann sind sie mit Hass erfüllt und würden versuchen, die Glücksgemeinschaft mit Hass und Unfrieden zu erfüllen. Das würde das höchste Wesen nicht erlauben. Sie existieren in der Gottesferne. In der von Frieden und Liebe erfüllten Gemeinschaft der Glückseligen

würden sie es mit ihrer negativen Einstellung auch gar nicht aushalten. Sie wollen auch nicht zur Glücksgemeinschaft gehören."

„Wie schätzen Sie mich ein? Bin ich denn ein guter Mensch?"

„Leider nicht. Deshalb möchte ich ja auch mit Ihnen sprechen."

„Werde ich denn wieder ins irdische Leben zurückkehren?"

„Das werden Sie. Aber wenn Sie Ihr Leben so fortsetzen, wie es bisher war, stellen Sie sich außerhalb der von Gott gewünschten Lebensweise. Das höchste Wesen lässt Ihnen Ihren freien Willen. Aber es bedauert sehr, dass Sie den falschen Weg eingeschlagen haben."

„Und wie müsste er richtig sein?"

„Sie sollten aus Liebe zu diesem höchsten Wesen auch Ihre Mitmenschen ehren, achten und liebevoll behandeln. Dazu gehört auch, dass Sie alle Angriffe auf Religion und Vorstellungen von einer jenseitigen Welt einstellen."

„Das habe ich ja nur geäußert, weil ich bisher davon überzeugt war, dass Seele und Geist mit dem Tod des jeweiligen Menschen auch enden."

„Haben Sie denn noch nicht gemerkt, dass Ihre Seele und Ihr Geist unabhängig von Ihrem Körper sind? Denn Ihr Körper ist bewusstlos, weil die behandelnden Ärzte ihn aus Gesundheitsgründen in ein künstliches Koma versetzt haben. Wenn Seele und Geist von Ihrem Körper abhängig wären, könnten Sie – wie es jetzt ja geschieht – auch nicht denken, empfinden und sich auch nicht mit mir unterhalten. Denn dann wären Sie ja auch ohne Bewusstsein."

„Wahrscheinlich ist das einleuchtend. Dann habe ich aber

noch die Frage: Was geschieht denn eigentlich beim Tod wirklich?"
„Die Frage wäre zutreffender: Was geschieht beim Sterben?"
„Wieso?"
„Der Tod tritt zwar mit dem Sterben ein. Aber der eigentliche Durchgang vom Leben zum Tod ist das Sterben. Es ergibt sich tatsächlich dadurch, dass Seele und Geist den Körper verlassen. In den meisten Fällen geschieht das, indem der Körper mit seinen zum Leben wichtigen Organen nicht mehr lebensfähig ist. Aber am entscheidendsten ist, dass Seele und Geist den Leib verlassen. Sie verleihen dem Körper das wirkliche Leben. Ohne sie kann kein Körper existieren, selbst wenn er maschinell weiter in Funktion gehalten würde."
Nach dieser Darstellung war ich zunächst sprachlos. So exakt und spannend hatte auch in meiner medizinischen Ausbildung noch kein Physiologe das erklärt. Deshalb sprach ich meinen Gesprächspartner darauf an:
„Wie kommt es dann aber, dass diese Erklärung in meiner gesamten Medizinerausbildung noch kein Professor derartig gelehrt hat?"
„Ganz einfach. Der Mediziner sieht den Körper nur aus der weltlichen Sicht. Er kann auch nur aus rein irdischer Sicht feststellen, ob die körperlichen Organe noch wirksam oder ohne Leben sind. Über den rein irdisch-menschlichen Horizont kann er ja nicht hinausblicken. Alles, was über diesen medizinischen Gesichtskreis hinausgeht, entzieht sich seiner Beurteilung. Es ist ihm meistens auch gleichgültig."
„So wie – bisher – auch mir."

„Und wie ist jetzt nach Ihren neuesten Erfahrungen Ihre Einschätzung?“
„Ja, allmählich denke ich, dass mit dem Tod die weitere Existenz von Seele und Geist nicht endet. Geist und Seele scheinen tatsächlich weiter zu bestehen. Aber wie und wo leben sie weiter?“
„Sie leben in ***der jenseitigen Welt*** *weiter. Das ist aber kein Raum, denn Raum, aber auch Zeit, gibt es in der geistigen Existenz nicht mehr.“*

Nun konnte ich bei meinem grenzenlosen Zweifel und meiner festen Überzeugung, mit dem Tod sei alles Leben zu Ende, mit Sicherheit nicht mehr bleiben. Das war eindeutig widerlegt, und zwar nicht nur durch den Dialog mit der hellen Lichtgestalt, also meinem Schutzgeist, sondern auch durch meine eigene Erfahrung an der Schwelle zum Tod. Aber es fehlte noch die Überzeugung, ob es denn auch ***Gott*** *tatsächlich gebe. Fast wagte ich es nicht, meinen Gesprächspartner danach zu fragen:*
„Sie haben mich bis jetzt beinahe restlos überzeugt. Es gibt also auch nach dem Tod Seele und Geist, mit Sicherheit auch das Jenseits. Aber gibt es auch ***Gott****? Und wenn ja, dann wünsche ich auch eine Begegnung mit ihm.“*
„Sie verlangen geradezu das Äußerste. Aber wenn Sie sehr intensiv und aus tiefster Seele darum ***bitten****, können Sie – vielleicht – den Sohn Gottes, Jesus Christus, sehen und mit ihm reden.“*
„Oh, das wäre wunderbar. Dann wären alle meine Zweifel zu Ende.“
„Dann bitten Sie darum. Ich werde Sie unterstützen.“

Entscheidende Begegnung mit Jesus Christus

Indem mein Schutzgeist das – mit der Bitte – sagte, nahmen seine Lichtstrahlen ab, sodass nur noch ein geringes Leuchten verblieb. Er verließ mich aber nicht und blieb bei mir. Nach einer Weile – die Zeitdauer vermag ich nicht abzuschätzen – näherte sich von sehr weit weg ein noch viel helleres Licht. Diese Lichtstrahlen waren von einer viel, viel helleren Strahlkraft, blendeten mich aber nicht. Es war mir so, als gingen von diesem überaus hellen Licht sogar Blitze aus. Und dann erkannte ich auf einmal, dass sich im Zentrum dieses Lichtes eine Gestalt befand, von der rundum das überaus helle Leuchten und auch die Blitze ausgingen. Es war eine Persönlichkeit von überirdischer Strahlkraft: ein Mann mit einem hellen Leuchten im Gesicht. Umhüllt wurde er von einem langen, hell leuchtenden Tuch in der Art eines Gewandes. Er hielt seine Hände leicht erhoben. Und was war das denn? Auf jedem der Unterarme – oberhalb der Handwurzeln – hatte er rötliche Narben wie von irgendwelchen früheren Wunden. An seiner linken Brustseite hatte er eine noch größere Wundnarbe. Diese Narben zeugten wohl von früheren sehr schweren Wunden. Ähnliche, ausgesprochen rötliche Narben sah ich auch oberhalb der Fußwurzeln. Mich interessierte diese Persönlichkeit. Ich schaute sie eingehend an, wahrscheinlich auch, weil dies meinem Beruf entsprach. Dabei sah ich, dass mich dieser Mann ganz intensiv, ja geradezu eindringlich ansah. Seinem durchdringenden Blick konnte ich kaum standhalten.
Fast wollte ich ihn fragen, wer er sei, da sprach er als Erster:

„Sie wollten mich sprechen. Hier bin ich."
„Sind Sie vielleicht Jesus, den viele Menschen auch Christus nennen?"
„So ist es. Ich bin Jesus Christus, Gottes Sohn und zugleich Gott von Ewigkeit her."
„Also gibt es Sie wirklich?"
„In der Tat. Sie riefen ja am Abend vor Ihrem Unfall, Gott müsse Sie persönlich von seiner Existenz überzeugen, ebenso ich, Jesus Christus."
„Das wissen Sie alles?"
„Ich weiß auch, dass Sie stets behauptet haben, Gott würde nicht existieren. Sagen Sie mir daher doch: Können Sie mich sehen?"
„Natürlich sehe ich Sie."
„Können Sie mich auch hören?"
„Aber selbstverständlich kann ich Sie auch hören."
„Dann nehmen Sie doch ebenso meine rechte Hand."
„Ja, sehr gern."

Natürlich hatte ich keine Verbindung mit meinem irdischen Körper. Der musste ja entweder tot sein oder bewusstlos im Krankenhaus liegen. Dennoch war ich in der Lage zu sehen, zu hören, zu sprechen, zu greifen und zu fühlen.

So griff ich nach seiner Hand. Dabei fühlte ich auch unwillkürlich die Narbe oberhalb seiner Handwurzel. Sie war ziemlich tief. Dabei äußerte ich fast automatisch:
„Da haben Sie aber eine große Narbe. Ich vermute, sie rührt von einer tiefen Wunde her."

„Das ist so. Auf der anderen Seite des Arms habe ich ebenso eine Narbe von einer tiefen Wunde. Am anderen Arm und über den Füßen ist es ebenso. – Ich wurde ans Kreuz geschlagen und bin daran gestorben."
„Davon habe ich einmal gehört. Ich wollte es aber nicht glauben."
„Jetzt haben Sie ja selbst gesehen, gehört und gefühlt, dass ich lebe und bin. Es gibt mich also, ebenso gibt es Gott. Also verleugnen Sie Gott und Gottes Sohn zukünftig nicht mehr."
Ich war völlig sprachlos und zutiefst gerührt, brachte dann aber vor lauter Verlegenheit nur noch stammelnd heraus:
„Es … es tut mir leid … sehr leid."

Jesus hob wie zu einer liebevollen Verabschiedung beide Hände empor und verließ mich rückwärts. Noch von Weitem winkte er mir zu. Indem er mich verließ, nahmen auch die Lichtstrahlen und die vielen Blitze ab.

Nun nahm auch wieder die Helligkeit meines Schutzgeistes zu, der mich anschließend ansprach:
„Jetzt haben Sie mit Jesus Christus, dem Sohn Gottes, gesprochen. Sind Sie nun überzeugt, dass es Gott gibt?"
„Restlos. Und entschuldigen auch Sie bitte meinen Zweifel und Unglauben."
„Schon gut. Sie können nun auch selbst andere Zweifler von der Existenz Gottes überzeugen und künftig ein anderer Mensch werden."
Damit verabschiedete auch er sich. Und die Fülle von Licht wich der Dunkelheit, die ich aber nur noch ganz gering-

fügig wahrnahm. An weitere Einzelheiten kann ich mich nicht mehr erinnern.

Tage später wurde ich aus dem Koma geholt, sodass ich irgendwann aus meiner Bewusstlosigkeit erwachte. Mein schwerer Unfall hatte sich inzwischen herumgesprochen. Als ein Journalist der überregionalen Zeitung davon erfuhr und ich wieder einigermaßen genesen war, bat er mich um ein Interview. Er hatte damit gerechnet, dass ich auch in diesem Gespräch wieder heftig gegen Gott und alles Religiöse vom Leder ziehen werde. Ich musste ihn aber enttäuschen. Denn antireligiöse Gehässigkeiten, mit denen er gerechnet hatte, unterblieben. Stattdessen berichtete ich ihm von meiner Umkehr. Darüber schrieb er nur in einer kleinen Zeitungsnotiz.
Nun ahnte ich, dass viele Zeitungen, Zeitschriften und TV-Sender von mir allmählich Abstand nehmen würden. Denn Religionsfeindlichkeit kommt bei vielen Medien mehr an als Gläubigkeit und Religiosität. Leider! Aber das störte mich nun nicht mehr. Im Gegenteil!

Und ich nahm mir ganz fest vor, alles zu tun, um meine früheren zersetzenden, ja teilweise bösartigen Äußerungen weitgehend zu entkräften und nun meinen inzwischen entstandenen tiefen Glauben an Christus und das Christentum nicht für mich zu behalten, sondern ihn auch meinen Mitmenschen bekannt zu geben, selbst wenn sie über mich den Kopf schütteln sollten. Und das würden sie tun. Zuerst würden meine Studenten der Anatomie große Augen machen, wenn ich plötzlich andere Töne von mir geben würde. Und dann erst meine Philosophiestudenten, denen großenteils meine atheistischen Reden gut gefallen hatten.

Am besten wäre es, ich würde als Einleitung zum jeweils ersten Seminar oder zur ersten Vorlesung nach meinem Unfall von meinem Nahtoderlebnis berichten, um meine Studenten auf meinen Sinneswandel einzustellen.

Später wollte ich auch versuchen, meinen Vater zu einem solideren und nach Möglichkeit auch religiösen Leben zu bringen.
Ob ich auch wieder in Diskussionsrunden eingeladen werden würde, war mir ziemlich gleichgültig. Jedenfalls war es mein fester Vorsatz, dann über meinen festen Glauben und meine religiöse Einstellung zu berichten.

Geistige Umkehr

Bodo G., der Anatomieprofessor, hielt Wort: Das erste Seminar bei seinen Medizinstudenten begann er damit, dass er kurz von seinem schweren Unfall berichtete, der ihn in die Nähe des Todes gebracht hatte. Bei dieser Nachricht waren seine sämtlichen Zuhörer hellwach. Ein Student meldete sich als Erster: „Man hört ja zuweilen einiges von sogenannten Nahtoderlebnissen. Damit konnte ich bisher noch nicht viel anfangen. Könnte es sein, dass Sie ein solches Erlebnis hatten?"
„Ja, das hatte ich. Oder genau genommen waren es sogar zwei: Zuerst hatte ich nach dem Schnellablauf meines bisherigen Lebenslaufs einen ganz langen Dialog mit einer hellen Lichtgestalt, die sich dann als mein Schutzgeist zu erkennen gab. Also sie oder er wusste über meinen gesamten Lebenslauf restlos alles."
„Hätte das nicht auch ein Traum gewesen sein können?", wollte nun eine Studentin wissen.
„Nein, mit Sicherheit nicht. Denn im Traum erlebt man ja nur das, was vorher im Gehirn gespeichert war. Hier wurde ich aber auch auf Begebenheiten und Wissensinhalte hingewiesen, die ich zuvor so noch nicht wahrgenommen oder in Erfahrung gebracht hatte."
„Wie gab sich denn dieser sogenannte Schutzgeist zu erkennen?", wollten nun mehrere Studenten gemeinsam wissen.
„Dieser tatsächliche Schutzgeist zeigte sich in einem derart hellen Licht, in einer Lichtfülle, wie ich sie in meinem ganzen Leben noch nie erlebt habe. Zugleich blickte er mich

ernsthaft, aber auch äußerst liebevoll an, fast wie eine Mutter, die ihrem Kind zwar einige Vorhaltungen machen muss, ihm aber nicht böse ist und ihm helfen will."

„Erschien Ihnen denn dieser Geist unmittelbar nach Ihrem Unfall?"

„Nein. Vielmehr befand ich mich sehr lange in einer furchtbaren Dunkelheit. So etwas können Sie sich überhaupt nicht vorstellen. Eine solche Finsternis gibt es im irdischen Leben praktisch überhaupt nicht. Und hinzu kam dann auch noch eine totale Stille. Im alltäglichen Leben gibt es ja eine solche absolute Lautlosigkeit gar nicht. Aber eine derartige restlose Dunkelheit und Stille führt dazu, dass man über sich selbst nachdenkt, wozu im normalen Leben niemand kommt."

Das veranlasste eine Studentin zu der Frage:

„Darf man erfahren, zu welchem Ergebnis Sie dabei gekommen sind? Oder ist das ein Geheimnis?"

„Das ist kein Geheimnis. Ich habe mir überlegt, dass sich mein Körper doch zweifellos in tiefer Bewusstlosigkeit befinden müsse. Das war nach meinen späteren Erkundigungen ja auch tatsächlich der Fall. Man hatte mich aus Gesundheitsgründen sogar ins Koma versetzt. Nach meiner früheren Überzeugung hätte folglich auch mein Geist ohne Bewusstsein sein müssen. Aber ich konnte sehr wohl über alles nachdenken und mich auch über alle Einzelheiten mit meinem Schutzgeist unterhalten."

„Und was folgt nach Ihrem jetzigen Kenntnisstand daraus?", war die nächste Frage eines Studenten.

„Das bedeutet, dass der Geist und folglich auch die Seele vom Körper unabhängig sind. Sie können sehr wohl existieren, sogar vom Leib getrennt."

„Wenn das stimmt, dann müssten Geist und Seele aber auch über den körperlichen Tod hinaus weiterleben können“, folgerte daraufhin ein Student.
Professor G. pflichtete ihm bei:
„Ja, zu dieser Schlussfolgerung kann man kommen. Das ist *inzwischen* auch meine Überzeugung.“
„Dann müsste es ja auch so etwas wie eine **jenseitige Welt** geben.“
„Stimmt. Was soll ich sonst dazu sagen? Es stimmt wirklich.“
„Nun sprachen Sie aber auch noch von einem zweiten Erlebnis.“
„Richtig. Und das übertrifft alle anderen Erlebnisse an der Schwelle zum Tod:
Ich hatte schon immer gesagt: ‚Wenn ich an Gott oder an diesen Christus glauben oder sogar von ihnen überzeugt sein soll, dann muss ich ihnen auch persönlich begegnen und mich mit ihnen unterhalten können.‘ So hatte ich immer gesprochen.“
„Ja, und? Haben Sie das tatsächlich? Das ist ja kaum zu glauben“, ertönte es jetzt vielstimmig von der Studententribüne.
„Ich äußerte meinem Schutzgeist, also der Lichtgestalt gegenüber, ich wolle nun auch mit dem höchsten Wesen sprechen. Der Geist bremste mich bei meiner Forderung. Dann *bat* ich um diese Begegnung. Und sie kam tatsächlich zustande. In hellstem Licht, umgeben von Blitzen, näherte sich Christus mir. Er war es in der Tat. Als Anatomiemediziner fielen mir sofort die ganz tiefen und noch rötlich schimmernden Wundnarben auf. Sie befanden sich oberhalb der Handwurzeln am Ende der Unterarme, und zwar nicht nur

auf einer Armseite, sondern auch auf der anderen. Ich sah auch ähnliche Narben oberhalb der beiden Fußwurzeln. So erschüttert war ich in meinem ganzen Leben noch nicht."
„Da soll es doch auch noch eine Seitenwunde gegeben haben."
„Ja, an der linken Brustseite. Die Wunde und damit auch die rötlich schimmernde Narbe waren viel größer als die Arm- und Beinwunden."
„Haben Sie denn auch mit dieser Person sprechen können?"
„Sie meinen, mit Christus. Ja, natürlich habe ich mit ihm gesprochen. Er hat mir auch erklärt, woher er diese Wunden hat, nämlich von der Kreuzigung, und dass er am Kreuz gestorben ist. Er hat mir sogar seine rechte Hand gegeben. Dann hat er mich gefragt, ob ich ihn sehen, hören und spüren könne. Ich war so erschüttert, dass ich sogar gesagt habe, dass es mir leidtut. Dann hat er mich liebevoll verabschiedet."
„War die vorherige Lichtgestalt dann auch weg?"
„Nein. Mein Schutzgeist hat mich anschließend noch gebeten, nun auch andere Zweifler von der Existenz Gottes zu überzeugen."
„Das ist ja phänomenal", riefen nun etliche Medizinstudenten. „Es ist kaum zu glauben."
Natürlich gab es auch andere Studenten, die seine Erklärungen mit eisigem Schweigen aufnahmen.
„Aber es ist wahr. Ich habe es selbst erlebt. Und ich bin durchaus nicht leichtgläubig."

Bodo G.s Philosophiestudenten zeigten sich viel schwieriger und waren für seine Erlebnisberichte kaum zugänglich:

„Das sind doch alles Halluzinationen, aber keine tatsächlichen Erlebnisse."
„Doch, ich habe das alles persönlich erlebt und kann es bezeugen."
„Da bin ich aber mal gespannt", meinte ein Student.
„Mein Schutzgeist und Christus wussten beide aus meinem Leben wichtige Einzelereignisse, die geradezu prophetische Inhalte hatten. Das waren auf keinen Fall Traum- und Trugbilder, sondern das alles war Wirklichkeit."
„Sie reden jetzt aber völlig anders als früher", räsonierte eine Studentin.
„Das gebe ich zu. Aber ich kann doch jetzt nichts anderes äußern, als was ich tatsächlich erlebt habe. Früher war ich eben im Irrtum. Wenn ich nun zu einem anderen Kenntnisstand gekommen bin, wäre ich ein Lügner und Schwindler, meine früheren und unrichtigen Behauptungen beizubehalten."
„Ist das jetzt tatsächlich Ihre persönliche Überzeugung?", wollten nun viele Studenten wissen.
„Ja, das ist meine unbedingte Überzeugung: Es gibt Gott und Jesus Christus, seinen Sohn, den Sohn Gottes und Gott von Ewigkeit her."

Hatte Professor G. früher vehement gegen jeglichen Gottesglauben gestritten, so kämpfte er nun ebenso leidenschaftlich dafür und äußerte jetzt unerschrocken seine inzwischen gewonnene andere Überzeugung. Als militanter Atheist hatte er in Talkshows zwar ausgedient. Doch war er jetzt – zumindest für eine Übergangszeit – als eine Art „gewandelter Atheist" in Diskussionsrunden interessant, gleichsam als jemand, der *vom Saulus zum Paulus* gewor-

den ist. Und dort verhehlte er seine neue Überzeugung keineswegs.
Der Diskussionsleiter einer solchen Talkshow sprach ihn daraufhin ziemlich hämisch an:
„Es ist ja doch schon ziemlich eigenartig, dass jemand früher seine Abneigung gegen alles Religiöse lauthals verkündet hat und jetzt plötzlich ziemlich umgedreht ist. Herr G., haben Sie dafür eine schlüssige und plausible Erklärung?“
„Aber sicher. Nach einem schlimmen Sturz war ich ziemlich lange bewusstlos. Dabei hatte ich umfangreiche Nahtoderlebnisse. Ich sprach mit meinem Schutzgeist, der mir ganz exakt aufzeigte, was ich in meinem früheren Leben alles falsch gemacht habe. Was er mir sagte, stimmte ohne Ausnahme restlos.“
„Das waren doch mit Sicherheit alles Sinnestäuschungen, um nicht zu sagen Halluzinationen“, warf ein anderer Diskussionsteilnehmer ein.
„Auf gar keinen Fall. Traum- und Trugbilder mögen zum Teil stimmen. Aber sie entsprechen nicht total der jeweiligen Wirklichkeit. Meine Nahtoderlebnisse aber entsprachen ausnahmslos der Realität. Es ging ja noch weit darüber hinaus: Ich hatte schließlich sogar eine Begegnung mit Christus, die mich zutiefst fasziniert hat. Vor allem diese Begegnung werde ich niemals vergessen. Auch dieses unmittelbare Treffen und der Dialog mit Jesus Christus waren absolute Wirklichkeit und keineswegs das Ergebnis irgendeiner Täuschung. Ich konnte auch alle seine Wundmale und Narben von sehr schweren Verletzungen erkennen und an seiner rechten Hand sogar berühren. Und mir, einem Fachmann der Anatomie, können Sie es schon abnehmen, dass ich was davon

verstehe und diese tiefen Wundnarben sogar in unmittelbaren Augenschein nahm."

„Hatte Ihr Gesprächspartner – Sie nennen ihn ja Christus – diese Narben in den Händen und Füßen, wie ja Gemälde zuweilen glauben machen wollen?", schaltete sich jetzt wieder der Moderator mit einem hämischen Grinsen ein.

„Ihre sogenannten Fangfragen können Sie sich sparen. Christus hatte sie in den Unterarmen oberhalb der Handwurzeln, und zwar auf beiden Armseiten. Das konnte ich bei dem rechten Unterarm sogar fühlen. Auch in beiden Füßen gab es diese Wunden nicht, sondern oberhalb der Fußwurzeln."

„Dazu frage ich den Anatomieprofessor: Gibt es denn dafür eine Erklärung?"

„Natürlich. Hätten die römischen Hinrichtungssoldaten die Nägel durch die *Hände* und *Füße* geschlagen, dann hätten diese Nägel den Körper nicht halten können. Das heißt, die festgenagelten Hände, aber auch die Füße, hätten das Körpergewicht nicht tragen können."

„Sie geben ja irgendwie schlüssige Erklärungen", meldete sich nun ein anderer Diskussionsteilnehmer. „Aber ich kann es einfach nicht glauben. Das ist auch unglaublich."

„Aber es entspricht der Realität. Sie kennen mich ja von früher her als leidenschaftlichen Religionsgegner. Also so leicht lasse ich mich grundsätzlich nicht umstimmen. Hier aber ist es tatsächlich so gewesen, wie ich es Ihnen geschildert habe."

Ebenso verteidigte Bodo G. auch in anderen Diskussions- und Gesprächsrunden seine nunmehr gewonnene religiöse

Überzeugung und sein Bekenntnis zum christlichen Glauben.
Er hatte sich aber auch noch eine andere Aufgabe vorgenommen: seinen Vater.
Das sollte für ihn besonders schwierig werden:

Sein Vater hatte schon davon gehört, dass sein mit antireligiösen Ansichten ursprünglich so berühmter Sohn nun plötzlich wie umgedreht sei. Er hielt das nicht für möglich und stellte ihn zur Rede:
„Bist du jetzt plötzlich übergeschnappt? Wie kommst du denn eigentlich zu diesen neuen Vorstellungen? Du warst doch früher total gegen alle Arten von Religionen."
„Da war ich völlig im Irrtum. Wenn man aber seinen Irrtum erkennt, kann man doch unmöglich bei seinen falschen Vorstellungen bleiben."
„Wie bist du denn plötzlich zu deinen neuen Ideen gelangt?"
„Ganz einfach. Nach meinem schweren Unfall befand ich mich an der Schwelle zum Tod und dem Jenseits."
„Wieso gibt es denn jetzt ein Jenseits? Früher hast du das doch immer bestritten."
„Das war eben falsch. An der Todesschwelle hat zunächst eine Lichtgestalt lange mit mir gesprochen. Schließlich bin ich Jesus Christus begegnet."
„Das können nur Halluzinationen gewesen sein."
„So hätte man zuerst auch vermuten können. Aber es stimmt nicht. Ich erfuhr in beiden Begegnungen geradezu unmittelbar, dass mit dem irdischen Tod das Leben **nicht** zu Ende ist. Denn Geist und Seele existieren weiter. Sie kön-

nen nicht aufhören zu bestehen und leben in der jenseitigen Welt tatsächlich fort."

Mein Vater atmete nach dieser Antwort tief durch, sah mich lange nachdenklich an und sagte nach einer sehr langen Denkpause:
„Wenn das so stimmt, was wird denn dann aus dir und mir? Wir gehören ja keiner Religion an und sind auch nicht getauft. Deine Mutter wollte dich ja unbedingt taufen lassen. Ich war aber dagegen."
„Papa, zur christlichen Überzeugung zu gelangen und sich taufen zu lassen, ist richtig. Und ich möchte mich auch bald christlich taufen lassen. Aber das ist nicht genug. Dann muss man auch christlich leben."
„Und wie soll das geschehen?"
„Dann muss man seine Mitmenschen auch menschlich behandeln und darf ihnen keinen Schaden zufügen."
„Ja, wenn sich einer wie ein Tölpel verhält."
„Auch dann darf man ihn nicht unmenschlich behandeln, sondern mitmenschlich und menschenwürdig."
„Ja, das ist jetzt alles zu viel für mich. Das muss ich mir noch durch den Kopf gehen lassen. Wir können uns ja am kommenden Sonntag darüber unterhalten."
„Dann möchte ich aber, dass auch Mama dabei ist."
„Ich habe nichts dagegen."

Das Gespräch verlief aber nicht so einfach. Bodo G.s Vater hatte noch viele Einwände. Aber nach mehreren Unterhaltungen und nach der liebevollen Ermunterung durch seine Mutter suchte der Mediziner nach einem einfühlsamen

Geistlichen der Kirche, der auch Bodo G.s Mutter angehörte. Er bereitete Vater und Sohn mit der nötigen Sensibilität vor und führte sie in die christliche Lehre ein, betonte dabei aber auch, dass zur Taufe auch die christliche Überzeugung gehört und in allem menschlichen Handeln auch die Liebe zu Gott und zugleich die Liebe zum Nächsten, also zum Mitmenschen gehören muss.
Dann ließen sich Vater und Sohn in einer ganz einfachen und bescheidenen Feier taufen. Niemand hatte darüber eine größere Freude als die Mutter des Anatomiemediziners.

Vater und Sohn bemühten sich anschließend um ein christliches Verhalten. Das gelang beiden nicht immer reibungslos. Denn die *alten Verhaltensmechanismen* machten sich zuweilen wieder bemerkbar. Aber beide taten alles Erdenkliche, um zu einem mitmenschlichen Verhalten zu gelangen.

Der Autohändler hatte befürchtet, sein Geschäft würde bei seiner Kundschaft durch seine neue, nunmehr christliche Einstellung Schaden nehmen. Aber das Gegenteil war der Fall:
Er wurde nun richtig beliebt, und noch mehr Kundschaft kam zu ihm. Das hätte er nicht gedacht, dass sich ein mitmenschliches Verhalten letzten Endes bewährt. Früher hatte er seinem Sohn eingeschärft: *„Nimm dir, was du kriegen kannst.“* Nun merkte er, wie falsch eine solche Einstellung war.

Auch sein Sohn, der Mediziner Bodo G., stieg im Ansehen bei den Studenten beider Fachrichtungen enorm. Seine früheren spöttischen Gehässigkeiten, seine abfälligen Bemerkungen und gefühlskalten Äußerungen dämmte er erfolgreich ein. Wenn ihm hier und da dennoch mal wieder unbedacht eine „herausrutschte“, bat er augenblicklich um Entschuldigung. Das trug ihm mit der Zeit Achtung, Ehre, ja sogar Zuneigung ein.

Die größte Überraschung erlebte er dann aber auch unmittelbar selbst:
Hatten sich früher seine Kollegen auf Grund seiner abweisenden Einstellung von ihm ferngehalten und hatten sie persönlich nichts mit ihm zu tun haben wollen, so verringerte sich auch im Lauf der Zeit dieses zwischenmenschliche Verhalten: Seine Kollegen respektierten ihn nicht nur, sondern zeigten bald Achtung und Freundschaft. Das betraf irgendwann auch eine junge Kollegin aus der Physiologie. Sie unterhielt sich auf einmal ganz gern mit ihm und das nicht nur über Medizin.
Bodo G. hatte jahrelang versucht, auch persönlichen Kontakt zu seinem Kollegium aufzubauen. Durch seine abweisende und gefühlskalte Wesensart hatte aber niemand Interesse dafür gezeigt. Und nun entstand allmählich eine solche sich vielleicht anbahnende Freundschaft.
Und tatsächlich! Er lud die junge Kollegin gern zu einem Abendessen in ein gutes Lokal ein, und sie kam auch. Solche Treffen nahmen sehr bald zu. Beide erkannten im Lauf der Zeit, dass sie füreinander richtige Zuneigung empfanden, die offensichtlich mehr und mehr zunahm.
Nach etwa einem Jahr waren sich beide ihrer mittlerweile in Liebe übergegangenen Zuneigung sicher. Sie beschlossen daher zu heiraten und ihr Leben gemeinsam zu verbringen.

Ihre Ehe war sehr glücklich und wurde mit drei Kindern, zwei Töchtern und einem Sohn, gesegnet. Bodo G. hatte sich vorgenommen, sollte er einmal heiraten, dann wollte er mehrere Kinder haben und nicht nur ein Einzelkind, wie er es gewesen war.

Auch sein Vater zeigte sich glücklich über seine Schwiegertochter und die Enkel. Und dann meinte er irgendwann mit einem Augenzwinkern:
„Ich war ja zunächst über den Religionswunsch *unseres* Sohnes ziemlich skeptisch. Aber jetzt muss ich doch zugeben: Die christliche Religion mit Gottes- und Nächstenliebe führt in Wirklichkeit auch insgesamt zu Liebe und Liebesglück!"

Durch Abgründe von Zweifel und Unglauben zur christlichen Glaubensüberzeugung

Der Mediziner Bodo G. ist dafür ein untrüglicher Beweis, wie viele Menschen Abgründe von Zweifel und Unglauben durchleben müssen, ehe sie zur Höhe der christlichen Glaubensüberzeugung gelangen. Er war als Kind nie in eine Religion hineingewachsen, weil sein ebenfalls glaubensloser Vater die gläubige Mutter daran hinderte, ihn zu einem religiösen Menschen zu erziehen. Hinzu kam, dass der Vater dem Sohn beibrachte, nur auf seinen materiellen Vorteil bedacht zu sein und sich auf Kosten und zu Lasten anderer Menschen rücksichtslos durchzusetzen. Mit derart rigiden Methoden machte er zwar sehr früh sogar in zwei Wissenschaftsrichtungen Karriere. Doch irgendwie zufrieden war er damit nicht. Niemand wollte mit ihm freundschaftlich etwas zu tun haben.

Er wurde zwar respektiert und auch einigermaßen geachtet. Aber beliebt war er nirgendwo. Doch das war ihm irgendwann auch gleichgültig. Denn er wurde zugleich immer wieder sehr gern zu Talkshows und hitzigen Diskussionsrunden eingeladen. Auch dort konnte er mit seinen religionsfeindlichen Ausfällen glänzen und meistens auch in diesen Gesprächsrunden die Wortführung an sich reißen.

Mit seinen Ausfälligkeiten, ja Ausbrüchen einher gingen sein bösartiger Spott, seine Gehässigkeit und seine boshafte Freude, wenn er andere niedermachen konnte.
Seine sogenannte Lebensphilosophie ging aufgrund der religionsfeindlichen Erziehung in Kindheit und Jugend von folgenden rein materialistischen Denkmustern aus:

Für mich zählt nur, was ich mit meinen
Sinnesorganen wahrnehmen kann.
Alles andere gibt es für mich nicht.

Geist und Seele habe ich bisher
noch nirgendwo wahrgenommen.
Also gibt es sie nicht,
höchstens als körperliche Bestandteile.

Wenn der Körper einmal stirbt,
enden dann auch Geist und Seele,
sofern sie körperliche Bestandteile sind.

Mit dem Tod ist alles zu Ende.
Das gilt auch für Geist und Seele.

Wenn aber Geist und Seele
in jedem Fall mit dem Tod enden,
gibt es auch kein Jenseits.

Ohne Jenseits gibt es
daher auch keinen Himmel.

Ohne Himmel ist dann aber jeglicher Glaube an Gott und Religion Unfug und Unsinn.

Diese sieben rein materialistischen Denkvorstellungen sollten daher einmal analysiert und durchleuchtet werden:

Für mich zählt nur, was ich mit meinen Sinnesorganen wahrnehmen kann. Alles andere gibt es für mich nicht.

Wenn das so richtig wäre, würden auch keine Ereignisse akzeptiert, die etwa zu einer früheren Zeit geschehen sind und von deren Realität eigentlich jeder denkende Mensch überzeugt ist. Nehmen wir nur alle historischen Geschehnisse. Sie werden zwar in wissenschaftlichen Berichten und Nachweisen auch in die heutige Zeit übertragen. Aber mit direkter Gegenständlichkeit – um der Sinnesorgane willen – sind diese historischen Vorgänge nicht zu veranschaulichen. Und? Gibt es sie deshalb nicht?

Bei dem großen Zweifler, dem Mediziner G., ging und geht es um einen Arzt. Es ist allgemein bekannt, dass es aus Traditionsgründen bei den Ärzten üblich ist, zu Beginn ihrer medizinischen Tätigkeit den Eid des griechischen Heilmediziners *Hippokrates* abzulegen. Er lebte in der Antike und ist heute mit Sinnesorganen nun wirklich nicht wahrzunehmen. Gibt es ihn folglich nicht? Warum legen dann auch die kritischsten und sinnesorientiertesten Mediziner diesen

angeblich so realitätsfernen und gleichsam anachronischen Eid dennoch ab? Nur weil die „Ärztezunft“ das so haben will? Oder weil sie auch heute noch von der historischen Realität – zumindest ein bisschen – überzeugt sind?
Der Medizinprofessor G. war von der Persönlichkeit des Berliner Pathologieprofessors *Rudolf Virchow* derart begeistert, dass er sogar dessen Aussage, bei Sektionen noch keine Seele und keinen Geist wahrgenommen zu haben, persönlich übernahm und sich selbst aus Verehrung für sein großes Idol ebenfalls *Professor für Pathologie der Anatomie* betitelte, obwohl er eigentlich Professor für Anatomie war.
Und? Hat er sein großes Vorbild je persönlich, und zwar mit seinen Sinnesorganen, kennengelernt?
Natürlich nicht! Dennoch war er nach wie vor Virchows begeisterter *„Fan“*, um es mit einem gängigen Ausdruck zu bezeichnen.

Und wie steht es mit der Wahrnehmung durch sämtliche Sinnesorgane beim gesamten Instrumentarium der modernen Kommunikationsmittel? Kann ein eingefleischter Sinnesfetischist das gesamte System an Funk-/Fernsehwellen usw. mit seinen gesamten Sinnesorganen wahrnehmen? Nein, natürlich nicht. Er kann höchstens das *Endprodukt* mit Hilfe des Radios und Fernsehers hören und sehen. Aber alles, was vom Anfang der Wellen bis zum Schluss abläuft und dem Wahrnehmungsfanatiker unabdingbar erscheint, kann er nicht wahrnehmen.
Und? Gibt es dann deshalb diese Phänomene nicht? Jeder, der so etwas behaupten würde, erntete nur heftiges Kopfschütteln und Zweifel an seinem Geistesvermögen.

Wie steht es mit den Allerweltsmedien wie Telefon, Telefax usw.? Die gibt es doch tatsächlich. Und daran zweifelt kein normaler Mensch.

Und alles, was mit Computern, Laptops, Tablet-PCs usw. zu tun hat? Wie steht es denn da mit der Wahrnehmung durch die Sinnesorgane, und zwar *von der Entstehung bis zum Abschluss etwa eines naturwissenschaftlichen Phänomens*?

Und dann das gesamte Internet mit allem, was dazugehört? Würde ein noch so kritischer und rein sinnesorientierter Wahrnehmungsideologe so etwas leugnen, nur weil seine Sinne nicht alles einzeln erkennen und registrieren können? Mit absoluter Sicherheit nie und nimmer. Und auf dessen enorme Hilfeleistungen würde ohnehin auch der eingefleischteste Wahrnehmungs- und Sinnesfanatiker niemals verzichten!

Also gibt es weitaus mehr
als nur das mit Sinnesorganen Wahrnehmbare!

Geist und Seele habe ich bisher
noch nirgendwo wahrgenommen.
Also gibt es sie nicht,
höchstens als körperliche Bestandteile.

Das war die immer wieder vorgetragene Überzeugung des Mediziners. Eine mögliche Unabhängigkeit des Geistes und der Seele vom Körper hielt er für völlig undenkbar. Auch Einwände seiner Studenten, vor allem der Medizin, aber auch der Philosophie konnten an dieser Einstellung nichts ändern. Ihn beeindruckten die kritischen Stellungnahmen seiner Diskussionspartner bei den vielen Talkshows und Gesprächsrunden ebenso überhaupt nicht. Er war in seine reine Sinnesgläubigkeit total verbohrt und ließ auch keine andere Seh- oder Denkweise zu.

Das änderte sich erst mit seinem schweren Sturz und der tiefen, zugleich durch das gesundheitsfördernde Koma verlängerten Bewusstlosigkeit. Er geriet dadurch zuerst in ein Nahtoderlebnis mit völliger Dunkelheit und absoluter Stille. Hier hatte er auch zunächst gegen seinen Willen sehr viel Zeit, über sich und seine gesamte Lebenssituation nachzudenken. Dabei kam er schließlich zu der Erkenntnis, dass sein Körper ja entweder tot sei oder sich in tiefer Bewusstlosigkeit befinden müsse – wie es ihm dann auch später bestätigt wurde und er als medizinischer Wissenschaftler auch unschwer erkennen konnte.
Dennoch konnte er über sein Leben nachdenken. Und da kam ihm die Erkenntnis, dass sein Geist und seine Seele keineswegs nur körperliche Bestandteile sein konnten. Denn dann wären sie ja ebenfalls bewusstlos gewesen. Folglich hätte er auch nicht nachdenken können. Denn auch sein Gehirn war ja mit absoluter Sicherheit bewusstlos. Und dort hatte er – wenn überhaupt vorhanden – auch Geist und Seele irgendwie „lokalisiert“. Er stellte also durch seine eigene Nahtoderfahrung fest, dass Geist und Seele keine rein körperlichen Bestandteile sein konnten. Vielmehr erkannte

er, dass ***Geist und Seele vom Körper unabhängig*** sein mussten und waren.

Und im weiteren Verlauf dieser persönlichen Nachdenkphase war er sich auch nicht mehr sicher, dass seine folgende These noch Bestand haben könne, wo er behauptet hatte:

Wenn der Körper einmal stirbt,
enden auch Geist und Seele,
sofern sie körperliche Bestandteile sind.

Nun war er schließlich zu der Überzeugung gelangt, dass Geist und Seele denn doch *keine* rein körperlichen Bestandteile sein konnten. Vielmehr waren sie vom Körper eindeutig *unabhängig.*
Also gab es auch nicht mehr die zwingende Folgerung, wonach Geist und Seele mit dem körperlichen Tod enden müssten.
Dann stimmte aber auch der nächste Denkschritt nicht mehr:

Mit dem Tod ist alles zu Ende.
Das gilt auch für Geist und Seele.

Der Körper würde enden und verfallen. Aber das musste keineswegs auch für Geist und Seele gelten. Sie konnten durchaus auch weiter bestehen. War der Mediziner schon in der Phase von Dunkelheit und Stille zu dieser Einschätzung gelangt, so zeigten ihm beim Nahtoderlebnis die Vision

mit der Lichtgestalt und der Dialog mit seinem Schutzgeist, dass Geist und Seele sehr wohl nach dem Tod des Körpers weiterlebten. Ja, sie lebten tatsächlich weiter!
Hatte er bis dahin als religionsfeindlicher Zweifler noch die allergeringsten Bedenken gehabt, so wichen sie endgültig von ihm durch die von ihm verlangte und schließlich erbetene Begegnung mit Jesus Christus, die dann auch tatsächlich stattfand. Er hatte mit dem Sohn des Höchsten gesprochen und seine fünf ganz großen Wundmale gesehen, ja sogar intensiv angeschaut. Jesus hatte erklärt, wie sie entstanden waren: Er war ans Kreuz genagelt worden und daran gestorben. Der Pathologe wusste, dass Jesus vor über zweitausend Jahren gekreuzigt worden und gestorben war. Dennoch hatte er ihn leibhaftig vor sich gesehen und sogar seine rechte Hand berührt. Also lebte Jesus Christus tatsächlich, auch nach mehr als zweitausend Jahren.

Damit wankte auch sein *fünftes* Denkprinzip:

Wenn aber Geist und Seele
in jedem Fall mit dem Tod enden,
gibt es auch kein Jenseits.

Er hatte ja selbst persönlich erlebt, dass es dieses Weiterleben nach dem Tod tatsächlich gab. Das war keine Täuschung. Denn was ihm an der Todesschwelle alles mitgeteilt worden war, entsprach der Wirklichkeit und ließ sich auch unmittelbar in die irdische Realität übertragen. Was er an dieser Schwelle zum Jenseits erfahren hatte, war keine ungefähre Nachricht, wie sie zuweilen von irgendwelchen Traumdeutern, Wahrsagern usw. geäußert wurde. Es waren Fakten, die sich *eins zu eins* im realen Leben umsetzen ließen.

Und wie stand es dann mit der nächsten Behauptung?

Ohne Jenseits gibt es daher auch keinen Himmel.

Bodo G. hatte ja die Wirklichkeit *Jenseits* selbst erlebt und kennengelernt. Als strenger Medizin-Wissenschaftler konnte er sehr wohl zwischen etwaigen Trugbildern irgendwelcher Halluzinationen und der Wirklichkeit unterscheiden. Träume und Halluzinationen bezogen sich durchweg auf gespeicherte Inhalte im Gehirn, die sich nicht auf die Zukunft, sondern nur auf Vergangenes und bestenfalls auf zeitgleiche Ereignisse bezogen. Geschehnisse in der Zukunft entzogen sich jedoch diesem Gedächtniszugriff. Und auch dazu – zu künftigen Lebensabläufen – hatte er genaue Mitteilungen erhalten.
Sogar von Gottes- und Menschenfeinden war die Rede, die zwar auch im Jenseits existierten, aber fern von Gott und der göttlichen Glücksgemeinschaft, weil sie es auch wegen ihrer großen Hassgefühle in der Glücksgemeinschaft nicht aushalten würden.
Es gab also eindeutig und unwiderruflich das Jenseits und als dessen Vollendung den ***Himmel*** und damit die göttliche Glücksgemeinschaft.
Dass damit der siebte und letzte Grundsatz des Mediziners ebenfalls hinfällig war, nahm er schließlich auch hin:

Ohne Himmel ist dann aber jeglicher Glaube an Gott und Religion Unfug und Unsinn.

Es gab das Jenseits und auch den Himmel. Daran zweifelte der Pathologe nicht mehr. Auch an der Existenz Gottes hatte er nun auch nicht mehr den geringsten Zweifel. Die Lichtgestalt, sein Schutzgeist, hatte es ihm eindeutig erklärt. Und schließlich hatte er Gottes Sohn gesehen, angeschaut, mit ihm gesprochen und sogar seine rechte Hand berührt und die schrecklichen Wundnarben in Augenschein genommen.

Also war Gott absolute Wirklichkeit.
An Gottes Realität gab es für ihn keinen Zweifel mehr. Und dann vollzog er schließlich auch noch den letzten Schritt:
Er bejahte nicht nur die Existenz Gottes und allgemein auch die Richtigkeit der Religion, sondern erkannte auch im Christentum die einzig richtige Religion, die ***christliche Religion***.

Gottes Wege sind weise

Wie weit ist doch für einen Religionsfeind und Glaubenszweifler der Weg vom Unglauben zum Glauben und dann erst recht zur christlichen Glaubensüberzeugung!
Nie in ein religiöses Leben hineingewachsen, hat er es erst recht sehr schwer, zu einer religiösen Überzeugung zu gelangen.

Wer soll ihn auch dazu hinführen, wenn seine in dieser Beziehung dominante Bezugsperson – in diesem Fall der Vater, sogar gegen die gläubige Mutter – dem Sohn den Zugang zu allem Religiösen versperrt?

Aber Gottes Wege und Fügungen sind unendlich und über jedes menschliche Denken hinaus weise und vorausschauend. Sie gestalten sogar im größten Unglück den Weg in die richtige Richtung. Der Mensch muss aber bereit sein, den Weg in diese Richtung mitzugehen.

Zweifel an der Richtigkeit von Glauben und Religion mögen durchaus ihre Berechtigung haben. Aber niemand darf beim Zweifeln verharren. Wer erkannt hat, dass seine Zweifel nicht mehr begründet sind, muss auch den Schritt über seine Zweifel hinaus wagen.

Vor einem solchen mutigen Schritt braucht kein Glaubenszweifler oder Glaubenszauderer Angst zu haben. Denn Gott reicht ihm die helfende Hand zu diesem Glaubenswagnis. Er braucht also nur diese göttliche Hand zu ergreifen und mitzugehen.

Und damit lässt sich auch die Frage beantworten:

Können auch Zweifler in den Himmel kommen?

Wenn sie nicht nur beim Zweifel bleiben, sondern sich um die richtige Erkenntnis bemühen, den Zweifel überwinden und den richtigen Weg einschlagen, dann

kommen auch Zweifler in den Himmel.

MICHELS, Johannes Professor Dr., geboren am 15.11.1938 in Laubach-Leienkaul (Eifel); Ausbildung zum Großhandelskaufmann; Bundeswehrdienst; Verwaltungstätigkeit; Abitur in Mainz 1964; Pädagogik- und Psychologiestudium in Koblenz mit Erstem Lehramtsexamen 1968; Tätigkeit als Lehrer; weiteres Studium in Köln, Bonn und Heidelberg in den Fachgebieten: Pädagogik, Psychologie, Sprachwissenschaft und Phonetik, spezifische Schwerpunkte der Medizin; weiteres Lehramtsexamen 1971; anschließend Tätigkeit als Lehrer in Trier; Ernennung zum Direktorstellvertreter 1975

Nebenberufliches Weiterstudium in Trier und Köln; Promotion in Köln 1978

Berufung zum Direktor des späteren Landesbildungszentrums für Hörgeschädigte in Osnabrück 1979; Sicherung der systematischen (speziellen) Beschulung schwerhöriger Kinder und Jugendlicher (neben dem ursprünglichen Unterricht für Gehörlose); dabei Einrichtung und Aufbau des weiterführenden Bildungsgangs und der Berufsbildenden Schulen mit vielen modernen Berufsfeldern für Hörgeschädigte; Erarbeitung von Rahmenrichtlinien der Schulen für Gehörlose und Schwerhörige; Hauptmitbegründer des Behindertenforums Osnabrück

Professor der Universität Osnabrück (Behindertenpädagogik) 1990; Professor der Universität Valencia (Spanien) (Logopedia) 1993; Professor der Hochschule und späteren Universität Zielona Góra (Polen) (Linguistik und Phonetik der Germanistik) 1996

Einsatz als Hauptbetreuer und -prüfer in Doktoranden-, Diplomanden- und Magisterverfahren (im In- und Ausland)

Prof. Michels ist Autor zahlreicher Bücher zum Thema Nahtoderfahrungen, u. a. des Bestsellers „Berichte von der Jenseitsschwelle“ (Goldmann-Verlag).

benno
PROF. DR. JOHANNES MICHELS
Zu Besuch im Himmel
Nahtod:
Authentische Berichte
Kompetente Analysen

Gibt es ein Leben nach dem Tod?

Was erwartet uns am Ende unseres Lebens? Gelegentlich wird Menschen ein flüchtiger Blick über die Grenze des Todes hinaus erlaubt: Kindern und Erwachsenen, Christen und Atheisten. Prof. Johannes Michels dokumentiert die Nahtoderfahrungen einer Vielzahl von Betroffenen. Er lässt sie selbst zu Wort kommen und wertet ihre Berichte kompetent aus christlicher Glaubensperspektive aus. Die packenden Zeugnisse bestätigen: Nach dem Tod erwartet uns eine Sphäre des Lichts und des Glücks.

Zu Besuch im Himmel
Nahtod: authentische Berichte – kompetente Analysen

246 Seiten, 12,5 x 19,5 cm, gebunden
ISBN 978-3-7462-3736-7
St. Benno Verlag GmbH Leipzig
www.st-benno.de

JOHANNES MICHELS
ERFAHRUNGEN · BERICHTE · ANALYSEN
ZEICHEN
DES HIMMELS
Prophezeiung · Vorsehung · Fügung
benno

Segensreiche Wirkungen der Vorsehung

Haben Sie schon einmal eine Gefahr vorausgeahnt? Prof. Johannes Michels dokumentiert zahlreiche Fälle, in denen Menschen aus Lebensgefahr gerettet wurden, weil eine innere Stimme sie warnte oder – ähnlich einem Schutzengel – ein unbekannter Helfer auftauchte. Auch prominente Fälle wie die Attentate auf die amerikanischen Präsidenten Lincoln und Kennedy sowie die Anschläge vom 11. September 2001 werden beleuchtet. Der Autor analysiert die Berichte aus christlicher Perspektive und zeigt, dass der sogenannte „siebente Sinn" eine Intention des Himmels ist.

Zeichen des Himmels
Prophezeiung – Vorsehung – Fügung
Erfahrungen – Berichte – Analysen

160 Seiten, 12,5 x 19,5 cm, gebunden
ISBN 978-3-7462-3658-2
St. Benno Verlag GmbH Leipzig
www.st-benno.de